がんばらなくても野菜はとれる!

楽する スープ&みそ汁

管理栄養士
新谷 友里江 著

ナツメ社

1食分の野菜がとれる! スープとみそ汁

かんたん おいしい

　野菜を食べて健康になりたい! と思っても、野菜を毎日たっぷり食べることは意外に難しいもの。厚生労働省が策定している「野菜類を1日350g以上食べましょう」という目標値がありますが、実際の野菜摂取量の平均値は約280gでまだまだ足りません。1食120gの野菜は、生で食べようとするととても多く感じるけれど、火を通すことでカサも減るので食べやすくなります。そして、食卓に温かいスープがあると体も心もほぐれて幸せな気持ちになります。水溶性ビタミンやミネラルなど、水に溶けやすい栄養素も、スープにすると余さず食べることができますし、具沢山のおかずスープは、ご飯やパンを合わせるだけで栄養満点の食事になるので、忙しい日にもぴったりです。野菜だけのスープから、肉や魚などのたんぱく質がしっかりとれるおかずスープまで、いろいろなレシピが揃っているので、その日の気分や体調、食事の内容に合わせて選んでみてください。

新谷友里江

CONTENTS

Part.3 たっぷり野菜&たんぱく質で パワースープ&みそ汁

1 不足しがちなビタミン、ミネラルが一度にとれる！

野菜には、体の調子を整えるビタミンやミネラルが豊富に含まれます。野菜不足になるということは、これらの栄養素が不足してしまい、体調を崩したり、肌荒れの原因になるということ。また、肩こりやイライラの原因にもなります。野菜たっぷりのスープやみそ汁なら、野菜を無理なくおいしく食べることができるうえ、煮汁に溶け出したビタミンも、逃さず丸ごと摂取できるから、本当におすすめ。自然に体調を整えることができます。

2 よく噛んで食べるからダイエットにも効果的

れんこんやごぼう、にんじん、大根などの根菜を始め、噛み応えのある野菜が入ったスープとみそ汁は、よく噛んで食べることにつながり、ダイエットに効果的。噛む回数が多くなるので、消化がよくなり、ビタミンやミネラルの吸収もよくなると同時に、ゆっくりと食べる習慣が身につき、満腹感が持続するので、肥満の原因ともいえる早食い＆食べ過ぎを防ぎます。野菜スープをメインにした食事なら、ダイエットしながら美肌も手に入れることが可能です。

スープとみそ汁で 野菜を食べると こんなイイコト 6

野菜をたっぷり食べたい！と思ったら、スープとみそ汁が一番！カサが減って柔らかくなるうえ、食べやすいのもうれしいポイント。

いつも元気で 5
疲れ知らずの体に！

疲れがなかなか抜けないときは、野菜スープ＆みそ汁を食べるのがおすすめです。β-カロテンとビタミンC、ビタミンEが豊富な緑黄色野菜は、抗酸化作用を持っているので、たっぷり食べるようにしましょう。また、柑橘類、酢、梅干しなどに含まれるクエン酸と組み合わせたり、肉、魚、卵などのたんぱく質を組み合わせると、疲労回復と新陳代謝を促し、疲れ知らずの体になります。

免疫力を上げ、 6
生活習慣病、風邪予防に

野菜不足は、便秘や肌荒れの他に、高血圧や糖尿病などの生活習慣病や風邪などの原因になります。スープ＆みそ汁でたっぷり野菜を食べることで、野菜に含まれる抗酸化ビタミンや、食物繊維、カリウムなどをしっかりとり入れることができ、免疫力もアップし強い体を作るとともに、生活習慣病の改善、予防に役立ちます。病気に負けない体づくりにも野菜スープは最適です。

食物繊維もたっぷりで 3
腸内環境の改善＆腸活に！

野菜たっぷりのスープとみそ汁は、なんといっても食物繊維が豊富。食物繊維には、水に溶けやすい水溶性食物繊維と水に溶けにくい不溶性食物繊維があり、野菜をたくさん食べることによってどちらも十分に摂取することができます。食物繊維は、善玉菌のエサになり、腸内環境を整え、便秘の解消や、食後の血糖値の上昇を抑える効果も。健康になる腸活をするなら、野菜スープがおすすめです。

肌に栄養が行き渡り 4
ピカピカのツヤ肌に

野菜には、美肌に効果的なビタミンが豊富。特にかぼちゃやパプリカ、トマト、青菜などの緑黄色野菜に含まれるビタミンA、C、Eがたっぷりです。ビタミンA（β-カロテン）は皮膚の粘膜を丈夫にし、乾燥肌を予防。ビタミンCはコラーゲンを生成し、ビタミンEは肌の再生を促します。食物繊維が豊富で、腸内環境も整えられるから、さらに栄養が行き渡り、肌もピカピカ＆ツヤツヤに！

この本の使い方

- 材料は2人分を基本としています。野菜の量は、厚生労働省が推進する「健康日本21（第二次）」で掲げられている1日350g以上の野菜を食べることを目標に、スープ＆みそ汁1食で1/3量を満たせるように設定しています。
- 栄養価は1人分です。日本食品標準成分表2020年版（八訂）をもとに算出しています。
- 計量単位は大さじ1＝15ml、小さじ1＝5ml、1カップ＝200mlです。
- 「少々」は小さじ1/6未満を、「適量」はちょうどよい量を入れること、「適宜」は好みで必要があれば入れることを示します。
- 材料の野菜（00g）の分量は正味量です。
- 野菜類は特に記載のない場合、皮をむくなどの下処理を済ませてからの手順を説明しています。
- 火加減は特に表記のない場合、中火で調理してください。
- 電子レンジは600Wを基本としています。500Wの場合は加熱時間を1.2倍にしてください。機種によって加熱時間に差があることがあるので、様子を見ながら加減してください。

スープ＆みそ汁に
使われている野菜と分量

そのレシピに使用されている野菜の写真（全量）と、1食分の野菜の量をわかりやすく表示。

ひと目でわかる
栄養価アイコン

1人分のエネルギー、食物繊維量、塩分を表示しています。

体にいい理由がわかる
「栄養メモ」

そのスープとみそ汁に含まれる栄養素や効用など、体にいい理由を解説。

「代わりにこんな野菜」
「代わりにこんなうまみ食材」

同じ味のスープやみそ汁なら、代わりに使ってもおいしい野菜・食材をご提案します。

野菜だけ！
スープ＆みそ汁

野菜を切るのが面倒な人や、時間のないときにおすすめなのが、
1〜2種類の野菜だけで作るシンプルスープ＆みそ汁。
野菜本来の香りやうまみをダイレクトに味わいましょう。

野菜だけの
シンプルスープ&みそ汁が
実は最高!

野菜はスープやみそ汁で食べるのが一番! とわかっていても、たくさんの材料を切るのがおっくうで、作るのが面倒になっていませんか? 野菜を120g以上食べたいときでも、野菜を数種類使うのではなく、1～2種類だけたっぷり使って、シンプルに味わうのもおいしいもの。その野菜のもつ

ほくほく、シャキシャキとした食感や、野菜本来の風味や香り、味を、野菜ごとにしっかりと感じることができます。そして、何より簡単にできるのがうれしいところ。野菜をざくざくと切って鍋に入れ、コトコト煮るだけ。あとは、好みの調味料で味つけすれば、簡単に野菜を食べることができます。

シンプルだけど
食べ応え満点！

かぼちゃ だけ！

かぼちゃの カレーポタージュ

156 kcal

食物繊維 5.6g

塩分 1.0g

ほくほく甘いかぼちゃに
スパイシーなカレー粉がよく合います。
蒸し煮にしてつぶすだけだから
ミキサーがなくても簡単です。

材料 (2人分)

かぼちゃ◎ … 300g
オリーブ油 … 大さじ½
A［ 水 … ½カップ
　 カレー粉 … 小さじ½
　 塩 … 小さじ⅓
牛乳 … ¾カップ
オリーブ油・カレー粉…各少々

作り方

① かぼちゃは薄切りにする。

② 鍋にオリーブ油を中火で熱し、①を炒める。しんなりしたらAを加えて蓋をし、弱火で7〜8分蒸し煮にする。柔らかくなったら木べらなどで粗くつぶし、牛乳を加えて温める。

③ 器に②を盛り、オリーブ油をかけ、カレー粉をふる。

栄養メモ

**かぼちゃはビタミンの宝庫！
カレー粉で代謝もアップ**

かぼちゃには抗酸化作用の高いβ-カロテン、ビタミンC、ビタミンEが豊富。カレー粉で代謝を上げて美肌＆アンチエイジングに！

代わりにこんな野菜

◎じゃがいも
◎にんじん
◎かぶ　　　など

1食分の野菜

150g

β-カロテン、ビタミンC、Eが豊富で、
アンチエイジング効果も♪

免疫力アップや美肌にうれしい、
β-カロテンやビタミンＣが豊富！

1食分の野菜
120g

74 kcal

食物繊維 **2.1g**

塩分 **2.0g**

パプリカの
トマトスープ

トマト缶を使わずに、ケチャップで作れるトマトスープです。パプリカは炒めることでうまみがアップ！

材料（2人分）

赤パプリカ・黄パプリカ◎
　… 各¾個（各120g）
オリーブ油 … 小さじ1
A ┌ 水 … 2カップ
　└ 洋風スープの素 … 小さじ1
B ┌ トマトケチャップ … 大さじ2
　│ 塩 … 小さじ¼
　└ こしょう … 少々

作り方

① パプリカは1cm幅の細切りにする。

② 鍋にオリーブ油を中火で熱し、①を炒める。油が回ったらAを加え、蓋をして弱火で5～6分煮る。パプリカがしんなりしたらBを加えてさっと煮る。

栄養メモ

ビタミンＣ＆リコピンパワーで
体のサビを撃退！
パプリカの豊富なビタミンＣとトマトの豊富なリコピンの組み合わせ。抗酸化作用を発揮して体のサビを撃退！

代わりにこんな野菜
◎ズッキーニ　◎玉ねぎ　など

カルシウムや鉄を補給したいときは、
ほうれん草より小松菜がおすすめ！

1食分の野菜
120g

54
kcal

食物繊維
2.8g

塩分
1.3g

小松菜のくたくたスープ

くたっとした食感が優しい洋風スープ。
スライスしたにんにくの風味で
満足感をアップしてくれます。

栄養メモ

**ほうれん草よりもカルシウムや
鉄分が豊富な小松菜**

抗酸化作用の高いβ-カロテンが豊富。
カルシウムや鉄分はほうれん草より多い
ので、たっぷり食べましょう。

代わりにこんな野菜

◎ブロッコリー　◎かぶ　　など

材料（2人分）

小松菜◎ … 大1袋（240g）
にんにく … 1かけ
オリーブ油 … 大さじ½
A ┌ 水 … 2カップ
　└ 洋風スープの素 … 小さじ½
塩 … 小さじ⅓
粗びき黒こしょう … 少々

作り方

1 小松菜は3cm長さに切る。にんにくは薄切りにする。

2 鍋にオリーブ油、にんにくを入れて弱火にかける。香りが出たら中火にし、小松菜を加えてさっと炒め、Aを加える。沸騰したら弱火にして蓋をし、くたくたになるまで10分ほど煮る。塩、粗びき黒こしょうで味をととのえる。

チンゲン菜の中華風豆乳スープ

みそを加えてコクがアップ！
仕上げのラー油で辛みをプラスして。

材料 (2人分)

チンゲン菜 … 1袋（240g）
A［水 … 1カップ
　［鶏がらスープの素 … 小さじ1
無調整豆乳 … 1カップ
みそ … 大さじ1と1/3
ラー油 … 適量

作り方

① チンゲン菜は長さを3等分に切り、茎は6等分のくし形切りにする。

② 鍋にAを入れて煮立て、①を加える。沸騰したら弱火にし、蓋をして5〜6分煮て、豆乳、みそを加えて温める。

③ 器に②を盛り、ラー油をたらす。

1食分の野菜
120g

91 kcal

食物繊維 2.3g

塩分 2.3g

β-カロテンやビタミンCが豊富で美肌効果や肌荒れ防止に

春菊のごまスープ

たっぷりの春菊が食べられるのは、スープならでは。ごまを加えて香りよく。

材料 (2人分)

春菊 … 2と1/2袋（240g）
A［水 … 2と1/2カップ
　［鶏がらスープの素 … 小さじ1
B［しょうゆ … 大さじ1/2
　［塩 … 小さじ1/4
　［ごま油 … 小さじ1
白炒りごま … 適量

作り方

① 春菊は5cm長さに切る。

② 鍋にAを入れて煮立て、①を加える。沸騰したら弱火にし、蓋をして3〜4分煮る。

③ ②にBを加え、さっと煮たら器に盛り、白炒りごまをふる。

1食分の野菜
120g

53 kcal

食物繊維 4.0g

塩分 2.4g

β-カロテンがたっぷりの春菊。アンチエイジングに◎

絹さやの山椒みそ汁

具材がシンプルなみそ汁だから
山椒の風味が引きたって美味。

1食分の野菜
\\ 120g //

72 kcal

食物繊維
4.2g

塩分
1.7g

ビタミンCが豊富だから、
お肌のハリやシミ対策に！

材料 (2人分)

絹さや … 240g
だし汁 … 2カップ

みそ
　… 大さじ1と⅓
粉山椒 … 少々

作り方

① 絹さやは筋を取り除く。

② 鍋にだし汁を入れて沸騰させ、①を
加える。3分ほど煮たらみそを溶き
入れる。

③ 器に②を盛り、粉山椒をふる。

1食分の野菜
\\ 120g //

50 kcal

食物繊維
3.9g

塩分
1.9g

にらの硫化アリルで
疲れた体を元気に！

にらのみそ汁

独特なにらの風味を
ダイレクトに味わえるおみそ汁。

材料 (2人分)

にら … 2と½袋（240g）
だし汁 … 2カップ
みそ … 大さじ1と½

作り方

① にらは5cm長さに切る。

② 鍋にだし汁を入れて沸騰させ、①を
加えてさっと煮、みそを溶き入れる。

里いものみそ汁

仕上げに添えるからしが、
全体の味を引き締めます。
柔らかくねっとりとした食感が
おいしい里いもを堪能して。

99 kcal

食物繊維 3.4g

塩分 2.0g

材料（2人分）

里いも◎ … 4個（240g）
塩 … 小さじ½
だし汁 … 2カップ
みそ … 大さじ1と½
からし … 少々

作り方

1. 里いもは1cm厚さの輪切りにしてボウルに入れ、塩をまぶして揉む。水でさっと洗ってペーパータオルで水けを拭き取る。

2. 鍋にだし汁を入れて沸騰させ、❶を加えて蓋をし、弱火で10分ほど煮る。里いもが柔らかくなったらみそを溶け入れる。

3. 器に❷を盛り、からしを添える。

栄養メモ

豊富なカリウムとぬめりで高血圧を予防

里いもには、糖質とたんぱく質が結合したガラクタンというぬめり成分とカリウムが豊富に含まれるので、高血圧の予防に効果的。

代わりにこんな野菜

◎長ねぎ
◎白菜
◎長いも　など

18

里いものぬめり成分ガラクタンは
高血圧を予防する効果が！

皮に含まれるナスニンには、
抗酸化作用が。生活習慣予防にも◎

1食分の野菜

\\ **120g** //

なすのごまみそ汁

なすをごま油で炒めることで、
程よい食感とうまみが出て、
紫色の皮も鮮やかに仕上がります。

95 kcal

食物繊維 **3.7g**

塩分 **1.9g**

材料 (2人分)

なす◎ … 3本（240g）
ごま油 … 大さじ½
だし汁 … 2カップ
みそ … 大さじ1と½
白すりごま … 大さじ1

作り方

① なすは縦半分に切り、1cm厚さの斜め切りにする。水に5分ほどさらして水けをきる。

② 鍋にごま油を中火で熱し、①を炒める。油が回ったら、だし汁を加えて蓋をし、弱火で5〜6分煮る。柔らかくなったらみそを溶き入れ、白すりごまを加える。

● **栄養メモ**

**なすのポリフェノール
ナスニンで老化予防**

なすの皮の色は、アントシアニン系色素の「ナスニン」によるもの。強い抗酸化作用を持つので皮ごと調理を。

代わりにこんな野菜

◎小松菜　◎スナップエンドウ など

消化を助けるアミラーゼが豊富！
栄養価の高い葉も一緒に食べて

かぶのすり流し

すりおろしたかぶが、優しく染み渡るスープです。かぶの甘みとみその風味がよく合います。

57 kcal

食物繊維 3.1g

塩分 2.2g

● 栄養メモ

かぶの根と葉の栄養をどちらもいただく

根にはビタミンCや消化酵素アミラーゼが、葉にはβ-カロテン、ビタミンC、Eが豊富なので丸ごといただいて。

代わりにこんな野菜

◎大根　◎長いも　など

1食分の野菜
120g

材料（2人分）

かぶ◎ … 3個（240g）	塩 … 少々
かぶの葉 … 少々	だし汁 … 2カップ
	みそ … 大さじ1と½

作り方

❶ かぶは皮をむいてすりおろす。かぶの葉は小口切りにしてボウルに入れ、塩をふって5分ほどおき、しんなりしたら水けを絞る。

❷ 鍋にだし汁を入れて沸騰させ、かぶを加えて煮る。火が通ったら、みそを溶き入れる。

❸ 器に❷を盛り、かぶの葉をのせる。

カリフラワーの ミルクスープ

カリフラワーの柔らかい食感と
牛乳の優しい甘みが広がります。

材料（2人分）

カリフラワー … 1株（240g）
A 水 … 1カップ
　 洋風スープの素 … 小さじ½
　 塩 … 小さじ⅓
牛乳 … 1カップ
粗びき黒こしょう … 少々

作り方

① カリフラワーは小房に分ける。

② 鍋にAを入れて煮立て、①を加えて
　 柔らかくなるまで10分ほど煮る。

③ ②に牛乳を加えてさっと煮、器に盛
　 り、粗びき黒こしょうをふる。

1食分の野菜
120g

100 kcal

食物繊維 **3.5g**

塩分 **1.4g**

ビタミンCが豊富なカリフラワー。
アンチエイジングにも効果的

ごぼうのチーズスープ

滋味深いごぼうを味わう洋風スープ。
粉チーズのコクがよく合います。

材料（2人分）

ごぼう … 2本（240g）
A 水 … 2カップ
　 洋風スープの素 … 小さじ1
　 塩 … 小さじ⅓
　 こしょう … 少々
粉チーズ … 大さじ1

作り方

① ごぼうは5mm厚さの斜め薄切りにし、
　 水に5分ほどさらして水けをきる。

② 鍋にAを入れて煮立て、①を加える。
　 沸騰したら弱火にし、蓋をして柔らか
　 くなるまで12分ほど煮る。

③ 器に②を盛り、粉チーズをふる。

1食分の野菜
120g

87 kcal

食物繊維 **6.9g**

塩分 **1.8g**

豊富な食物繊維で便秘予防
＆余分な脂質の吸収を抑える

22

レタスの
レモンスープ

レタスをさっと煮ればすぐに完成。
隠し味のナンプラーでうまみをプラス。

1食分の野菜
\\ 120g \\

39 kcal

食物繊維
3.3g

塩分
2.8g

低カロリーで食物繊維が豊富！
カリウムも含み、むくみ予防にも

材料 (2人分)

レタス … 1個（240g）

A ┌ 水 … 2カップ
  │ 鶏がらスープの素 … 小さじ1
  └ ナンプラー … 大さじ1

レモン汁 … 小さじ1

レモンの薄切り … 4枚

作り方

① 鍋にAを入れて煮立て、大きめにち
   ぎったレタスを加えてさっと煮、レモ
   ン汁を加え、さっと煮る。

② 器に①を盛り、レモンを添える。

1食分の野菜
\\ 120g \\

105 kcal

食物繊維
2.4g

塩分
2.3g

ビタミンCやカリウムを含むから
疲労回復、塩分の排出促進に

れんこんの
さっぱリスープ

お酢の酸味が食欲をそそります。
シャキシャキの食感を楽しんで。

材料 (2人分)

れんこん … 240g
ごま油 … 小さじ1

A ┌ 水 … 2カップ
  │ 鶏がらスープの素
  └ … 小さじ1

B ┌ しょうゆ
  │ … 小さじ1
  │ 塩 … 小さじ⅓
  └ 酢 … 小さじ2

作り方

① れんこんは5mm厚さの半月切りにし、
   水に5分ほどさらして水けをきる。

② 鍋にごま油を中火で熱し、①を炒める。
   しんなりしたらAを加え、沸騰したら
   弱火にして蓋をし、10分ほど煮る。
   Bを加えてさっと煮る。

スープ＆みそ汁の
だしとスープの素のこと

　スープとみそ汁を作るときに重要になるのが、味のベースになる「だし」。本書の和風のだし汁は、かつお節と昆布からとっています。かつお節のイノシン酸、昆布のグルタミン酸の相乗効果で、うまみたっぷりだから、すぐに味が決まりやすいのです。忙しいときは、和風だしの素を使ってもOK。洋風や中華風、エスニック風のだしは、一から本格的にとるのは時間も手間もかかるので、洋風、中華風スープの素の顆粒のものを使います。それ以外に、肉や魚、缶詰など、うまみ食材を使うスープでは、肉や魚からだしが出るので、スープの素は必要ありません。食材から出るうまみを大切に使って、最低限の調味料でおいしいスープを作ることができます。

　だし汁のとり方　水1ℓに昆布5gを入れて弱火にかける。沸騰直前で昆布を取り出し、かつお節20gを入れる。弱火でクツクツと1分ほど加熱し、そのままおく。かつお節が沈んだら、ざるにペーパータオルを重ねてこす。

Part. 2

うまみ野菜 ×
うまみ食材で
極上スープ&みそ汁

グルタミン酸、イノシン酸、グアニル酸のうまみ成分を
かけ合わせて作る、極上スープ&みそ汁。食材の組み合わせを覚えて、
いろいろと応用&バリエーションを広げましょう。

うまみ野菜 ✕ うまみ食材の組み合わせ

野菜スープをたっぷり作ったのに、ちょっとあっさりしすぎたかな？　と感じたことはありませんか？　おいしいスープ＆みそ汁を作るためのポイントは、うまみ成分とうまみ成分をかけ合わせること。うまみ成分には、グルタミン酸、イノシン酸、グアニル酸があり、それぞれをかけ合わせることで

相乗効果が生まれ、グンとおいしくなります。グルタミン酸は、トマト、アスパラなどの野菜、海藻類、乳製品、きのこ類、発酵調味料に、イノシン酸は肉や魚に、グアニル酸は、干ししいたけに多く含まれます。これらの食材を組み合わせて、手軽においしいスープ＆みそ汁を作りましょう。

うまみのかけ合わせで
だしいらず!

トマト × 干ししいたけの みそ汁

61 kcal

食物繊維 4.5g

塩分 1.7g

うまみ成分の多いトマト、干ししいたけ、みその組み合わせは相性バッチリ。干ししいたけは電子レンジを使って戻せば時間もかかりません。

材料（2人分）

トマト◎ … 1個（200g）
干ししいたけ … 3個
　（戻して水けを絞って50g）
干ししいたけの戻し汁
　… 適量
だし汁 … 適量
みそ … 大さじ1と½
粗びき黒こしょう … 少々

作り方

1　トマトは一口大に切る。干ししいたけは耐熱ボウルに入れ、かぶるくらいの水を注ぎ、ラップをして電子レンジで2〜3分加熱して戻す。粗熱が取れたらぎゅっと水け絞り、4等分に切る。

2　鍋に❶の戻し汁とだし汁を合わせて2カップ入れ、中火にかける。沸騰したら干ししいたけを加えて3〜4分煮る。トマトを加えてさっと煮て、みそを溶き入れる。

3　器に❷を盛り、粗びき黒こしょうをふる。

栄養メモ

グルタミン酸とグアニル酸で極上のみそ汁に
トマトは昆布などのうまみ成分と同じグルタミン酸が。干ししいたけにはグアニル酸といううまみ成分が含まれ、おいしさ倍増！

代わりにこんなうまみ食材

◎ちりめんじゃこ
◎かに風味かまぼこ
◎ハム　　　　　　など

＊戻し汁はだし汁で代用

食物繊維やビタミンB群が豊富な干ししいたけ。
戻し汁も使って栄養を逃さず摂取

桜えびに含まれるカルシウムは
トマトと合わせて吸収率アップ

トマト×桜えびのみそ汁

トマトをごま油でさっと炒めてから
だし汁を加えるのがポイント。
香ばしい桜えびがよく合います。

84 kcal

食物繊維 1.9g

塩分 2.0g

1食分の野菜

125g

材料（2人分）

トマト … 大1個（250g）
ごま油 … 大さじ½
だし汁 … 2カップ
桜えび◎ … 大さじ1
みそ … 大さじ1と½

作り方

① トマトは8等分のくし形切りにする。

② 鍋にごま油を中火で熱し、①を入れてさっと炒める。だし汁、桜えびを加えてさっと煮て、みそを溶き入れる。

栄養メモ

トマトのクエン酸でカルシウムの吸収をアップ！

トマトに含まれるクエン酸が、桜えびに含まれるカルシウムの吸収をアップさせるので、骨粗鬆症予防に。

代わりにこんなうまみ食材

◎ツナ缶　◎ベーコン　　など

食物繊維が豊富なとろろ昆布。
整腸作用や便秘解消に！

丸ごとトマト × とろろ昆布のスープ

トマトととろろ昆布のうまみが
たっぷりだから味つけはシンプルに。
トマトを崩しながら召し上がれ。

48
kcal

食物繊維
2.6g

塩分
1.6g

1食分の野菜

‖ 120g ‖

● 栄養メモ

**グルタミン酸たっぷりの
うまみスープ**

トマトもとろろ昆布も、同じグルタミン酸
を含みます。だし汁に含まれるイノシン
酸でうまみがアップ。

代わりにこんなうまみ食材

◎しらす　　◎ほたて缶　　など

材料（2人分）

ミディトマト … 小2個（240g）
だし汁 … 2カップ
A ┌ しょうゆ … 小さじ1
　└ 塩 … 小さじ¼
とろろ昆布◎ … 適量

作り方

① ミディトマトはヘタを取り除く。

② 鍋にだし汁を入れて沸騰させ、❶、
　Aを加えて2〜3分煮る。皮がめく
　れたら皮を取り除く。

③ 器に❷を盛り、とろろ昆布をのせる。

リコピンの抗酸化作用で、
アンチエイジング！

すりおろしトマト × 生ハムの冷製スープ

生ハムの塩けとトマトの酸味が広がる
夏におすすめのひんやりスープ。
火を使わずに手軽に作れるのも◎。

121 kcal

食物繊維 2.0g

塩分 1.9g

1食分の野菜

200g

材料（2人分）

トマト … 2個（400g）
A ┌ 水 … ½カップ
 │ オリーブ油 … 小さじ2
 │ 塩 … 小さじ½
 └ こしょう … 少々
生ハム◎ … 4枚
オリーブ油 … 少々

作り方

① トマトはすりおろしてボウルに入れ、
 Aを加えて混ぜ、冷蔵庫で冷やす。

② 器に❶を盛り、生ハムをのせ、オリーブ油を回しかける。

● 栄養メモ

**トマトと生ハムの組み合わせ
で疲労回復＆夏バテ予防！**

トマトに含まれるクエン酸と生ハムに含
まれるビタミンB₁で、疲労回復。冷た
いスープで夏バテも予防！

代わりにこんなうまみ食材

◎ハム　◎ツナ缶　　　　など

キムチのカプサイシンで
代謝アップ&脂肪燃焼♪

1食分の野菜
150g

88
kcal

食物繊維
2.3g

塩分
2.7g

トマト×ハムのキムチスープ

トマトの酸味とキムチの辛みでやみつきな味わいに。ハムのうまみで満足感がアップします。

栄養メモ

トマトの水溶性食物繊維とキムチで便秘解消!

トマトに含まれる水溶性食物繊維と、キムチに含まれる乳酸菌で腸内環境を改善し、便秘も解消&予防に。

代わりにこんなうまみ食材

◎桜えび　◎かに風味かまぼこ など

材料（2人分）

ハム◎ … 2枚
トマト … 1個（200g）
キムチ … 100g
ごま油 … 大さじ½
A 「 水 … 2カップ
　　鶏がらスープの素 … 小さじ½
　└ しょうゆ … 大さじ½
万能ねぎの小口切り … 適量

作り方

1. ハムは半分に切り、1cm幅に切る。トマト、キムチはざく切りにする。

2. 鍋にごま油を中火で熱し、❶を炒める。トマトが崩れるまで炒めたらAを加え、沸騰したら弱火にして蓋をし、7～8分煮る。

3. 器に❷を盛り、万能ねぎをふる。

アスパラガス × ほたての コーンクリームスープ

196 kcal

食物繊維 3.8g

塩分 2.0g

甘くてなめらかなコーンクリームに小口切りにしたアスパラがたっぷり入ったスープです。ほたては缶汁ごと加えてうまみを堪能。

材料（2人分）

アスパラガス … 12本（240g）
牛乳 … 1カップ
ほたて缶◎ … 1缶（70g）
コーンクリーム缶 … 1缶（180g）
A ┌ 塩 … 小さじ⅓
　├ 砂糖 … 小さじ¼
　└ こしょう … 少々

作り方

① アスパラガスは下⅓程度の皮をむいて、1cm幅の小口切りにする。

② 鍋に牛乳を入れて中火にかけ、沸騰したら①を加えて3〜4分煮る。柔らかくなったらほたて缶を汁ごと加え、コーンクリーム缶、Aも加えてさっと温める。

栄養メモ

野菜＆具のうまみ成分でスープの素なしでもおいしく

アスパラガスとほたては数種類のうまみ成分を含むので、組み合わせるとグンとうまみアップ。スープの素いらずの黄金の組み合わせ。

代わりにこんなうまみ食材

◎ハム
◎しらす
◎ツナ缶　　　　など

1食分の野菜

120g

アスパラギン酸が
筋肉疲労に効果的！

35

豆乳の大豆イソフラボンで
肌の調子を整える♪

1食分の野菜

\\ **125g** //

アスパラガス × しらすの豆乳スープ

キャベツとアスパラの甘み、豆乳の優しい風味でほっと落ち着く味わいのスープです。

78 kcal

食物繊維 **2.5g**

塩分 **1.4g**

材料（2人分）

アスパラガス … 5本（100g）
キャベツ … 150g
A ┌ 水 … 1カップ
  └ 洋風スープの素 … 小さじ½
しらす◎ … 大さじ2
B ┌ 無調整豆乳 … 1カップ
  │ 塩 … 小さじ⅓
  └ こしょう … 少々

作り方

① アスパラガスは下1/3程度の皮をむいて、長さを4等分に切り、縦半分に切る。キャベツは3cm角程度に切る。

② 鍋にAを入れて沸騰させ、①を加えて蓋をし、3～4分煮る。しらすを加えてさっと煮て、Bを加えて温める。

● 栄養メモ

疲れた体に染みわたる
疲労回復スープ

アスパラガスには新陳代謝を活発にするアスパラギン酸、しらすにはビタミンB₁が豊富で疲労回復に効果的。

代わりにこんなうまみ食材

◎はんぺん　　◎ウインナー　　など

塩昆布でマグネシウムや
カリウムなどのミネラルを補給

44
kcal

食物繊維
3.4g

塩分
2.9g

アスパラガス×塩昆布の梅スープ

梅干しの酸味が、食欲をそそります。

しょうゆベースの和風スープ。

塩昆布から出るだしが広がる

1食分の野菜

120g

材料（2人分）

アスパラガス … 12本（240g）
梅干し … 1個（12g）
水 … 2カップ
塩昆布◎ … 15g
しょうゆ … 小さじ1

作り方

① アスパラガスは下1/3程度の皮をむいて、5cm長さに切る。梅干しはちぎる。

② 鍋に水を入れて沸騰させ、アスパラガスを加えて弱火にし、蓋をして3〜4分煮る。柔らかくなったら塩昆布、梅干し、しょうゆを加え、さっと煮る。

栄養メモ

梅干しのクエン酸でエネルギー代謝をアップ！

クエン酸はエネルギー代謝をアップし、疲労物質の乳酸を分解。アスパラギン酸との組み合わせで効果大に。

代わりにこんなうまみ食材

◎ちりめんじゃこ　◎ちくわ　など

＊水の代わりにだし汁を使用

にんにくのアリシンで
スタミナアップ！

アスパラガス × ハムのガーリックみそ汁

ハムとアスパラガスをごま油で炒めることでぐっとおいしく。にんにくを最後に加えて完成します。

1食分の野菜
120g

95
kcal

食物繊維
2.8g

塩分
2.2g

材料（2人分）

ハム◎ … 2枚
アスパラガス … 12本（240g）
ごま油 … 小さじ1
だし汁 … 2カップ
A おろしにんにく … 小さじ½
　 みそ … 大さじ1と½

作り方

① ハムは半分に切り、5mm幅の細切りにする。アスパラガスは下⅓程度の皮をむいて、1cm幅の斜め切りにする。

② 鍋にごま油を中火で熱し、❶を炒める。油が回ったらだし汁を加えて2～3分煮て、火が通ったらAを加えてさっと煮る。

● 栄養メモ

疲労回復＆スタミナアップに効果的なスープ

アスパラガスのアスパラギン酸とにんにくのアリシン、ビタミンB群は、力がみなぎる組み合わせです。

代わりにこんなうまみ食材

◎ベーコン　◎コンビーフ　　など

38

焼きのりで、ビタミンや
ミネラルを手軽に摂取！

56 kcal

食物繊維 3.1g

塩分 1.9g

アスパラガス × のりのみそ汁

焼きのりを加えるだけで、いつものみそ汁も風味よく仕上がります。マンネリしがちなみそ汁のおすすめテク。

1食分の野菜

120g

材料（2人分）

アスパラガス … 12本（240g）
だし汁 … 2カップ
みそ … 大さじ1と½
焼きのり◎ … ½枚

作り方

1. アスパラガスは下⅓程度の皮をむいて、3cm長さに切る。

2. 鍋にだし汁を入れて沸騰させ、❶を加えて煮る。柔らかくなったらみそを溶き入れる。

3. 器に❷を注ぎ、ちぎった焼きのりを加える。

玉ねぎ×納豆の ごまみそ汁

124 kcal

食物繊維 4.2g

塩分 1.9g

玉ねぎの甘みと納豆の風味が
口いっぱいに広がります。
納豆はひきわりを使うと、
サラサラっと食べられます。

材料（2人分）

玉ねぎ … 大1個（250g）
ひきわり納豆◎
　… 1パック
だし汁 … 2カップ
みそ … 大さじ1と½
黒すりごま … 適量

作り方

1. 玉ねぎは一口大に切る。

2. 鍋にだし汁入れて沸騰させ、❶を加える。
再度沸騰したら弱火にし、蓋をして5〜6
分煮る。納豆を加えてさっと煮て、みそを
溶き入れる。

3. 器に❷を盛り、黒すりごまをふる。

栄養メモ

**血液サラサラ&腸活にも！
毎日食べたい健康みそ汁**

玉ねぎと納豆は血液をサラサラ
にする効果があるうえ、腸内環境
を整える効果も。ごまの抗酸化作用
をプラスすれば健康効果もアップ。

代わりにこんなうまみ食材

◎ハム
◎ツナ缶
◎ちくわ　　　など

1食分の野菜
125g

ねばねば食材の納豆は、
食物繊維が豊富で便秘解消に！

1食分の野菜

125g

**チーズのトッピングで
カルシウムとたんぱく質を補給**

197 kcal

食物繊維 2.4g

塩分 2.0g

玉ねぎ×ベーコンスープ

細切りにしたベーコンと玉ねぎから
うまみと甘みがよく出た洋風スープ。
チーズを加えて満足感がアップ。

材料（2人分）

ベーコン◎ … 2枚
玉ねぎ … 大1個（250g）
オリーブ油 … 小さじ1
A ┌ 水 … 2カップ
　└ 洋風スープの素 … 小さじ½
塩 … 小さじ⅓
ピザ用チーズ … 30g
パセリのみじん切り … 少々

作り方

① ベーコンは5mm幅の細切りにし、玉ねぎは薄切りにする。

② 鍋にオリーブ油を中火で熱し、❶を炒める。しんなりしたらAを加えて煮立て、蓋をして弱火で10分ほど煮て、塩で味をととのえる。

③ 器に❷を盛り、ピザ用チーズをのせて、パセリをふる。

● 栄養メモ

血管の回復に効果のある
玉ねぎ＆チーズの組み合わせ

玉ねぎに含まれるケルセチンとチーズに
含まれるラクトトリペプチドは、傷つい
た血管の回復に効果的。

代わりにこんなうまみ食材

◎コンビーフ　◎ウインナー　　など

そのまま使えるじゃこで
カルシウムを手軽に摂取

玉ねぎ×じゃこのみそ汁

噛むたびに玉ねぎの甘みと
じゃこのうまみを感じるみそ汁です。
少量の青のりで香りよく仕上げます。

76 kcal

食物繊維 2.6g

塩分 2.1g

1食分の野菜

125g

• 栄養メモ

**カルシウム満点のみそ汁で
骨粗鬆症予防に**

ちりめんじゃこと青のりはカルシウムが
豊富。玉ねぎに含まれるケルセチンとの
組み合わせで骨粗鬆症予防に。

代わりにこんなうまみ食材

◎はんぺん　　◎桜えび　　など

材料（2人分）

ちりめんじゃこ◎ … 大さじ2
玉ねぎ … 大1個（250g）
だし汁 … 2カップ
みそ … 大さじ1と½
青のり … 少々

作り方

① 玉ねぎは8等分のくし形切りにする。

② 鍋にだし汁を入れて沸騰させ、❶、
ちりめんじゃこを加える。沸騰した
ら弱火にし、蓋をして7〜8分煮て、
みそを溶き入れる。

③ 器に❷を盛り、青のりをふる。

さばに含まれるDHAやEPAは
血液をサラサラにする効果が！

玉ねぎ×さばの さっぱりエスニックスープ

さば缶は汁ごと使えば、うまみを逃しません。お酢とナンプラーでさっぱりと食べられるスープです。

1食分の野菜

120g

233 kcal

食物繊維 **2.4g**

塩分 **4.0g**

材料（2人分）

玉ねぎ … 1個（200g）
パクチー … 40g
A ┌ 水 … 2カップ
　└ 酒 … 大さじ1
さば水煮缶◎ … 1缶（200g）
B ┌ ナンプラー … 大さじ1と⅓
　└ 酢 … 大さじ1と⅓

作り方

1. 玉ねぎは1cmの輪切りにする。パクチーは3cm長さに切る。

2. 鍋にAを入れて沸騰させ、さば缶を汁ごと加える。玉ねぎ、Bも加えて蓋をし、弱火で7〜8分煮る。玉ねぎが柔らかくなったらパクチーを加え、さっと煮る。

▶ 栄養メモ

玉ねぎの硫化アリルとさば缶のDHA＆EPAで血液サラサラ

玉ねぎ＆さばは、血液サラサラ効果をもたらす最強の組み合わせ。さば缶を使えば手軽に作れておすすめ。

代わりにこんなうまみ食材

◎ツナ缶　◎ほたて缶　　など

玉ねぎはコレステロール値を
下げて動脈硬化予防に◎

1食分の野菜
138g

86 kcal

食物繊維
2.2g

塩分
1.3g

玉ねぎ×豆苗、
ハムのスープ

ごろんと大きめに切った玉ねぎで
食べ応えのあるスープです。
オリーブ油をたらして召し上がれ。

栄養メモ

**オリーブ油を最後に回しかけ
栄養の吸収をアップ**

豆苗に豊富なβ-カロテンは油と一緒に
とると吸収率がアップ。さらに腸のすべ
りをよくするので便秘予防にも。

代わりにこんなうまみ食材

◎ベーコン　◎サラミ　　　など

材料（2人分）

ハム◎ … 2枚
玉ねぎ … 大1個（250g）
豆苗 … ¼個（25g）
A 水 … 2カップ
　洋風スープの素
　　… 小さじ½

塩 … 小さじ¼
こしょう … 少々
オリーブ油
　… 小さじ1

作り方

1. ハムは放射状に8等分に切る。玉ねぎ
は4等分に切る。豆苗は2cm幅に切る。

2. 鍋にAを入れて沸騰させ、ハム、玉ね
ぎ、塩、こしょうを加える。沸騰した
ら弱火にし、蓋をして12分ほど柔ら
かくなるまで煮る。

3. 器に2を盛り、豆苗を散らし、オリー
ブ油を回しかける。

ブロッコリー×ツナの トマトクリームスープ

205 kcal

食物繊維 6.7g

塩分 1.3g

トマトの酸味と生クリームのコクが
マッチした具沢山スープ。
ごろっとしたブロッコリーと
薄切りにしたセロリの食感が楽しめます。

材料（2人分）

ブロッコリー … 200g
セロリ … ½本（50g）
にんにく … 1かけ
オリーブ油 … 小さじ1
A ┌ ホールトマト缶 … 150g
　├ 洋風スープの素 … 小さじ½
　└ 水 … 1と½カップ
ツナ水煮缶◎ … 1缶（70g）
塩 … 小さじ¼
こしょう … 少々
生クリーム … ¼カップ

作り方

1. ブロッコリーは小房に分ける。セロリは斜め薄切りにする。にんにくは薄切りにする。

2. 鍋にオリーブ油、にんにくを入れて弱火にかける。香りが出たら中火にし、セロリを加えて炒め、しんなりしたらAを加える。沸騰したらブロッコリー、ツナ缶を汁ごとを加えて弱火にし、蓋をして3〜4分煮る。塩、こしょうで味をととのえ、生クリームを加えてさっと煮る。

栄養メモ

うまみ満点&栄養満点の健康&美容スープ
野菜のグルタミン酸とツナのイノシン酸でうまみアップ。β-カロテン、ビタミンC、リコピンも豊富で、健康&美容効果も満点！

代わりにこんなうまみ食材

◎ウインナー
◎ほたて缶
◎ハム　　　など

1食分の野菜
\\ 125g //

リコピンやビタミンCたっぷりで
アンチエイジングや美肌効果も!

低カロリーなカニカマは
ダイエット中にもおすすめ！

ブロッコリー × カニカマのしょうがみそ汁

カニカマの赤が映えるみそ汁です。トッピングしたおろししょうがを混ぜていただきます。

93 kcal

食物繊維 **6.8g**

塩分 **2.4g**

1食分の野菜

120g

材料（2人分）

かに風味かまぼこ◎ … 4本
ブロッコリー … 1株(240g)
だし汁 … 2と½カップ
みそ … 大さじ1と½
おろししょうが … 小さじ1

作り方

① かに風味かまぼこは斜め3等分に切る。ブロッコリーは小房に分ける。

② 鍋にだし汁を入れて沸騰させ、❶を加えて煮る。沸騰したら弱火にし、蓋をして2〜3分煮て、みそを溶き入れる。

③ 器に❷を盛り、おろししょうがをトッピングする。

栄養メモ

代謝＆免疫力アップにぴったりのしょうがみそ汁

しょうがの辛味成分ジンゲロールで血流改善、発酵食品のみそで腸内環境を整えるので、代謝＆免疫力アップ！

代わりにこんなうまみ食材

◎桜えび　◎ちくわ　　など

明太子に含まれるビタミンEは
肌の老化防止に効果的

1食分の野菜
130g

116 kcal

食物繊維 6.0g

塩分 2.6g

ブロッコリー × 明太子の豆乳スープ

明太子のつぶつぶの食感が楽しいスープです。明太子の辛みとまろやかな豆乳がマッチして美味。

● 栄養メモ

**強力な抗酸化スープで
アンチエイジング効果も**

β-カロテンとビタミンCが豊富なブロッコリーに、ビタミンEが豊富な明太子を組み合わせて、老化を予防。

代わりにこんなうまみ食材

◎かに風味かまぼこ　　◎ハム　など

＊洋風または鶏がらスープの素適量も加える

材料（2人分）

ブロッコリー … ⅔株（160g）
エリンギ … 1パック（100g）
明太子◎ … ½腹（40g）
水 … 1カップ
A ［ 無調整豆乳 … 1カップ
　　 塩 … 小さじ½

作り方

① ブロッコリーはざく切りにする。エリンギは縦半分に切り、2cm長さのぶつ切りにする。明太子は1cm幅に切る。

② 鍋に水を入れて沸騰させ、①を加える。沸騰したら弱火にし、蓋をして3〜4分煮る。火が通ったらAを加え、温める。

ビタミンCたっぷりだから
免疫力アップに◎

151 kcal

食物繊維 6.8g

塩分 2.7g

ブロッコリー × コンビーフのみそ汁

牛肉を塩漬けにしたコンビーフ。
うまみたっぷりで、
みそとの相性抜群です。

1食分の野菜
120g

材料（2人分）

ブロッコリー … 1株（240g）
だし汁 … 2と½カップ
コンビーフ◎ … 1パック（80g）
みそ … 大さじ1と½

作り方

① ブロッコリーは小房に分ける。

② 鍋にだし汁を入れて沸騰させ、①、
コンビーフを加える。再度沸騰した
ら弱火にし、蓋をして2～3分煮る。
火が通ったらみそを溶き入れる。

▶ 栄養メモ

**コンビーフは隠れた優秀食材！
うまみ＆栄養価もアップ**

コンビーフはうまみ成分やたんぱく質、
ビタミンB₂、鉄分が豊富だから、うまみ
＆栄養価を手軽にアップ。

代わりにこんなうまみ食材

◎納豆　◎ちりめんじゃこ　など

50

鉄分豊富なあさりで
貧血を予防！

1食分の野菜
120g

113 kcal

食物繊維 6.4g

塩分 1.7g

ブロッコリー × あさりの ザーサイスープ

ザーサイの塩けとあさりのうまみが広がっておいしい！　少量のしょうゆと粗びき黒こしょうで味つけを。

材料（2人分）

ザーサイ … 10g
ブロッコリー … 1株（240g）
水 … 2カップ
あさり缶◎ … 1缶（130g）
しょうゆ … 小さじ½
塩・粗びき黒こしょう … 各少々

作り方

1. ザーサイは細切りにする。ブロッコリーは小房に分ける。

2. 鍋に水を入れて沸騰させ、❶、あさり缶を汁ごと加える。沸騰したら弱火にし、蓋をして柔らかくなるまで5〜6分煮て、しょうゆ、塩で味をととのえる。

3. 器に❷を盛り、粗びき黒こしょうをふる。

栄養メモ

鉄分の吸収率がアップ！
貧血予防に効果的

鉄が豊富なあさりに、ビタミンCが豊富なブロッコリーを組み合わせて吸収率をアップ。貧血予防に効果的。

代わりにこんなうまみ食材

◎ツナ缶　◎ちくわ　　　など

＊ちくわは鶏がらスープの素適量も加える

にんじん×じゃことごぼうのみそ汁

せん切りにしたにんじんとごぼうの噛み応えで、満足感のあるみそ汁です。ピリっと辛い赤唐辛子が全体の味を引きしめます。

125 kcal

食物繊維 6.0g

塩分 2.8g

材料（2人分）

ごぼう … 1本（120g）
にんじん … 小1本（120g）
赤唐辛子 … 1本
ごま油 … 大さじ½
だし汁 … 2と½カップ
ちりめんじゃこ◎ … 大さじ2
みそ … 大さじ2

作り方

① ごぼう、にんじんはせん切りにし、ごぼうは水に5分ほどさらして水けをきる。赤唐辛子は半分にちぎり、種を取り除く。

② 鍋にごま油を中火で熱し、①を入れて炒める。油が回ってしんなりしたら、だし汁、ちりめんじゃこを加え、沸騰したら弱火にし、蓋をする。柔らかくなるまで7〜8分煮て、みそを溶け入れる。

栄養メモ

β-カロテン、食物繊維豊富な根菜に小魚のうまみをプラス

食物繊維が豊富なにんじんとごぼうをたっぷり食べられるみそ汁で、腸内環境をピカピカに。じゃこでうまみと栄養価をプラス。

代わりにこんなうまみ食材

◎ハム
◎桜えび
◎ツナ缶　　　　　　など

食物繊維たっぷりだから
お腹すっきり快腸!

β-カロテンを豊富に含んで
アンチエイジングに♪

にんじん×ベーコンのレモンスープ

にんじんを縦半分に切って丸ごとじっくり煮込んだスープ。にんじんの甘みが引き立ちます。

147 kcal

食物繊維 **2.9g**

塩分 **2.3g**

1食分の野菜
120g

材料（2人分）

にんじん … 小2本（240g）
ブロックベーコン◎ … 50g

A
水 … 2と½カップ
洋風スープの素 … 小さじ¼
塩 … 小さじ½
ローリエ … 1枚

レモン汁 … 小さじ2
オリーブ油 … 少々
粗びき黒こしょう … 少々

作り方

1. にんじんは縦半分に切る。ブロックベーコンは1cm角の棒状に切る。

2. 鍋にAを入れて沸騰させ、①を加える。沸騰したら弱火にし、火が通るまで20分ほど煮る。

3. ②にレモン汁を加えてさっと煮て、器に盛る。オリーブ油をかけ、粗びき黒こしょうをふる。

● 栄養メモ

β-カロテン＆ビタミンCを補給できる美肌スープ

にんじんに豊富なβ-カロテンと、レモンに豊富なビタミンCをたっぷり補給。くすみなしのツルピカ肌に。

代わりにこんなうまみ食材

◎コンビーフ ◎ツナ缶 など

長いもに含まれるカリウムで
むくみを予防！

にんじん × 塩昆布と長いものスープ

長いものシャキッとした食感と、塩昆布のうまみがおいしいしょうゆ味のスープ。

82 kcal

食物繊維 3.2g

塩分 3.0g

1食分の野菜

\\ 120g //

材料（2人分）

にんじん … 小1本（120g）
長いも … 120g
水 … 2カップ
塩昆布◎ … 15g
しょうゆ … 小さじ1
塩・白炒りごま … 各少々

栄養メモ

不調なときに食べたい滋養強壮スープ

β-カロテンが豊富なにんじんと滋養強壮効果のある長いも。疲労を回復し、免疫力を高めて体調を改善！

代わりにこんなうまみ食材

◎桜えび　◎納豆　　　など

*水の代わりにだし汁を使用

作り方

① にんじん、長いもは5mm厚さの半月切りにする。

② 鍋に水を入れて沸騰させ、①を加える。沸騰したら弱火にし、蓋をして5〜6分煮る。柔らかくなったら塩昆布、しょうゆ、塩を加えて味をととのえる。

③ 器に②を盛り、白炒りごまをふる。

リコピンとβ-カロテンで
美肌に効くスープ

1食分の野菜

\\ **130g** //

185 kcal

食物繊維 3.6g

塩分 2.9g

にんじん×サラミのスパイシースープ

元気の出る真っ赤な彩りのスープです。サラミのコクとトマトジュースの酸味、赤唐辛子の辛みが後をひく味わいに。

材料（2人分）

サラミ◎ … 50g（6枚）
にんじん … 1本（160g）
セロリ … 1本（100g）
セロリの葉 … 少々
赤唐辛子 … 1本
オリーブ油 … 小さじ1

A｜ 水・トマトジュース
　　（無塩）… 各1カップ
　　洋風スープの素
　　　… 小さじ¼
　　塩 … 小さじ½
　　こしょう … 少々

作り方

① サラミは半分に切り、5mm幅に切る。にんじんは小さめの乱切りにする。セロリは斜め薄切りにし、葉は粗く刻む。赤唐辛子は半分にちぎり、種を取り除く。

② 鍋にオリーブ油、赤唐辛子を入れて弱火にかけ、香りが出たら中火にし、サラミ、にんじん、セロリを入れて炒める。しんなりしたらAを加え、蓋をして弱火で7〜8分煮る。

③ 器に②を盛り、セロリの葉をのせる。

▶ 栄養メモ

風邪予防&美肌効果満点の野菜がたっぷり！

にんじん、セロリ、トマトジュースにはビタミンC、β-カロテンがたっぷり。免疫力を上げて美肌作りを。

代わりにこんなうまみ食材

◎ベーコン　◎コンビーフ　　など

56

栄養豊富なにんじんで、
免疫力をアップして！

103 kcal

食物繊維 3.8g

塩分 2.6g

にんじん × ちくわのみそ汁

ちくわのうまみとにんじんの甘みが
よく合って、ほっと落ち着くおみそ汁。
かいわれ菜の辛みがアクセントに。

1食分の野菜
120g

栄養メモ

**免疫力を上げて筋肉増強！
強い体を作るスープ**

ビタミンたっぷりのにんじんに、たんぱ
く質が豊富なちくわを合わせて、免疫
力&筋肉量をアップ。強い体に！

代わりにこんなうまみ食材

◎はんぺん　◎しらす　　など

材料（2人分）

ちくわ◎ … 2本　　　かいわれ菜 … 少々
にんじん　　　　　　だし汁 … 2カップ
　… 小2本（240g）　みそ … 大さじ1と½

作り方

① ちくわ、にんじんは1cm幅の輪切り
　にする。かいわれ菜は長さを半分に切
　る。

② 鍋にだし汁を入れて沸騰させ、ちくわ、
　にんじんを加える。沸騰したら弱火に
　して蓋をし、10分ほど煮る。柔らか
　くなったらみそを溶き入れる。

③ 器に②を盛り、かいわれ菜をのせる。

細切り白菜 × しらすのエスニックスープ

53 kcal

食物繊維 1.8g

塩分 1.7g

にんにくとナンプラーで食欲をそそるスープです。細切りにした白菜の食感を楽しみながら召し上がれ。

材料(2人分)

白菜 … 240g
にんにく … 1かけ
サラダ油 … 大さじ½
水 … 2カップ
しらす◎ … 大さじ2
ナンプラー … 小さじ2
塩・粗びき黒こしょう
　… 各少々

作り方

1. 白菜は5cm長さに切り、繊維に沿って1cm幅の細切りにする。にんにくはつぶす。

2. 鍋にサラダ油、にんにくを入れて弱火にかけ、香りが出たら白菜を加えてさっと炒め、水を加える。沸騰したら弱火にし、蓋をして7～8分煮る。しんなりしたらしらす、ナンプラー、塩を加えてさっと煮る。

3. 器に❷を盛り、粗びき黒こしょうをふる。

● 栄養メモ

低カロリーでビタミンCが豊富な白菜はダイエットに最適

白菜の約95％は水分なので、たっぷり食べても低カロリー。ビタミンCとカリウムを豊富に含むので美肌＆むくみ対策にも。

代わりにこんなうまみ食材

◎ちくわ
◎ほたて缶
◎ハム　　　　　　など

1食分の野菜
\\ **120g** //

低カロリーでヘルシー！
ダイエット中の食事にも◎

白菜に含まれるカリウムは
余分な塩分を排出する効果が

白菜 × コンビーフの パセリスープ

白菜の葉の間にコンビーフを挟むことで、コンビーフのうまみが白菜の葉によく染みます。

105 kcal

食物繊維 **3.1g**

塩分 **2.7g**

200g

材料（2人分）

白菜 … ⅛個（400g）
コンビーフ◎ … 1パック（80g）
A ┌ 水 … 2と½カップ
  │ 塩 … 小さじ⅔
  └ こしょう … 少々
パセリのみじん切り … 大さじ2

作り方

1 白菜は半分に切り、鍋に入れる。白菜の葉の間にコンビーフを挟み、A を加えて中火にかける。沸騰したら蓋をして弱火にし、20分ほど煮る。

2 ❶にパセリを加え、さっと煮る。

● 栄養メモ

ダイエット中でもたんぱく質と鉄分をしっかり補給
水分が多く、低カロリーの白菜だけでは栄養不足に。コンビーフを加えることでたんぱく質と鉄分をプラス。

代わりにこんなうまみ食材

◎ベーコン　◎ツナ缶　　　など

ミルクスープで
カルシウムを手軽に補給

白菜×鮭フレークのミルクスープ

白菜の甘みとまろやかな牛乳がマッチした優しい味わいのスープ。鮭のうまみも広がって美味。

114 kcal

食物繊維 **1.7g**

塩分 **1.5g**

1食分の野菜
120g

材料（2人分）

白菜 … 240g
オリーブ油 … 小さじ1
鮭フレーク◎ … 大さじ2
A ┌ 水・牛乳 … 各1カップ
　│ 洋風スープの素 … 小さじ½
　│ 塩 … 小さじ¼
　└ こしょう … 少々

作り方

① 白菜は一口大のそぎ切りにする。

② 鍋にオリーブ油を中火で熱し、白菜を炒める。全体に油が回ったらA、鮭フレークを加え、沸騰したら弱火にし、蓋をして7～8分煮る。

● 栄養メモ

ピカピカの美肌、美白に！美容効果バツグンのスープ

鮭に含まれるアスタキサンチンは、強力な抗酸化作用を持つので、肌のサビを落とし、美肌＆美白効果も。

代わりにこんなうまみ食材

◎ベーコン　◎ほたて缶　など

61

低カロリーでヘルシー！
はんぺんはたんぱく質が豊富

白菜 × はんぺんのみそ汁

ふんわりとしたはんぺんと
くたっと煮えた白菜がおいしい
ほっと落ち着くみそ汁です。

65 kcal

食物繊維 **2.2g**

塩分 **2.1g**

1食分の野菜

120g

材料（2人分）

はんぺん◎ … ½枚
白菜 … 240g
だし汁 … 2カップ
みそ … 大さじ1と⅓

作り方

1 はんぺんは2cm角に切る。白菜は一口大のそぎ切りにする。

2 鍋にだし汁を入れて沸騰させ、白菜を入れる。沸騰したら弱火にし、蓋をして7〜8分煮る。しんなりしたらはんぺんを加えてさっと煮て、みそを溶き入れる。

栄養メモ

オメガ3系脂肪酸もとれる
はんぺんで健康＆美容効果も
はんぺんはDHA＆EPAが豊富で、血流改善＆脳の活性化に。ビタミンB群も多く、細胞の新陳代謝をアップ。

代わりにこんなうまみ食材

◎ちりめんじゃこ　◎さつま揚げ など

タウリンが豊富ないかは
疲労回復に効果的

77
kcal

食物繊維
2.2g

塩分
2.7g

白菜 × 塩辛のみそ汁

塩辛はごま油で炒めてうまみをアップさせます。独特の風味がアクセントになってやみつきに。

● 栄養メモ

塩辛はうまみと栄養の宝庫！
スープやみそ汁にプラスして

いかの塩辛は、たんぱく質、タウリン、ビタミンB群が豊富。汁ものに加えて濃いうまみをプラスして。

代わりにこんなうまみ食材

◎ちくわ　◎あさり缶　　など

1食分の野菜

\\ **120g** //

材料（2人分）

白菜 … 240g
ごま油 … 小さじ1
いかの塩辛◎ … 30g
だし汁 … 2カップ
みそ … 大さじ1と⅓

作り方

① 白菜は繊維を断つようにせん切りにする。

② 鍋にごま油、塩辛を入れ、弱火で炒める。色が変わったらだし汁、①を加えて中火にし、沸騰したら弱火にして蓋をし、5～6分煮る。白菜がしんなりしたら、みそを溶き入れる。

大根×ちくわのおでん風

53kcal

食物繊維 1.6g

塩分 1.8g

大根とちくわのシンプルなおでん風スープです。大根はあらかじめ電子レンジで加熱しておくから、短時間でもしっかり味が染み込みます。

材料（2人分）

大根 … 240g
ちくわ◎ … 2本
だし汁 … 2カップ
A｜しょうゆ … 小さじ½
　｜塩 … 小さじ¼
からし … 少々

作り方

① 大根は3cmの輪切りにし、裏面に十字に隠し包丁を入れる。耐熱皿に入れ、ラップをして電子レンジで5分加熱する。ちくわは斜め半分に切る。

② 鍋にだし汁を入れて沸騰させ、①、Aを加える。沸騰したら蓋をして、弱火で15分ほど煮る。

③ 器に②を盛り、からしを添える。

栄養メモ

低糖質&低カロリーで食物繊維も豊富なダイエットの味方

大根は糖質とカロリーが低いうえ、食物繊維も豊富なので、ダイエット中の便秘も解消。ちくわでたんぱく質をしっかり補給して。

代わりにこんなうまみ食材

◎ 干ししいたけ
◎ はんぺん
◎ ウインナー　など

64

1食分の野菜

\\ **120g** //

低カロリーだから
ダイエット中でも安心!

低カロリー&低糖質の食材を
たっぷり使ったスープ

78 kcal

食物繊維 **2.8g**

塩分 **1.5g**

大根×ツナ、まいたけのみそ汁

柔らかい大根と、小房に分けた
まいたけの食感が楽しいおみそ汁。
ツナは汁ごと加えてうまみたっぷり。

1食分の野菜
125g

材料(2人分)

大根 … 200g
まいたけ … ½パック(50g)
サラダ油 … 小さじ1
だし汁 … 2カップ
ツナ水煮缶◎ … 1缶
みそ … 大さじ1
万能ねぎの小口切り … 適量

作り方

1 大根は1cm厚さのいちょう切りにする。まいたけは小房に分ける。

2 鍋にサラダ油を中火で熱し、❶を炒める。油が回ったらだし汁、ツナ缶を汁ごと加え、蓋をして弱火で10分ほど煮る。柔らかくなったらみそを溶き入れる。

3 器に❷を盛り、万能ねぎをふる。

• 栄養メモ

**食物繊維&たんぱく質で
太りにくい体づくりに**

まいたけに含まれる不溶性食物繊維の
β-グルカンでコレステロールを下げ、ツ
ナでたんぱく質を補給して。

代わりにこんなうまみ食材

◎さば缶　◎ちくわ　　　　など

ヘルシーな野菜にさつま揚げで
たんぱく質とうまみをプラス

80 kcal

食物繊維 2.2g

塩分 2.4g

ピーラー大根×さつま揚げのみそ汁

ピーラーで薄切りにした大根とレタスだから、さっと煮るだけで完成。時間のない日におすすめのスープです。

1食分の野菜

\\ **125g** //

材料（2人分）

さつま揚げ◎ … 1枚(50g)
大根 … 150g
レタス … 100g
だし汁 … 2カップ
みそ … 大さじ1と½
一味唐辛子 … 少々

● 栄養メモ

**たっぷりのビタミンCと
たんぱく質、カルシウムを補給**
さつま揚げに含まれるたんぱく質とカルシウム、大根とレタスに豊富なビタミンCで、骨粗鬆症を予防。

代わりにこんなうまみ食材
◎かに風味かまぼこ　◎しらす など

作り方

① さつま揚げは1cm幅に切る。大根はピーラーで薄切りにし、レタスは大きめにちぎる。

② 鍋にだし汁を入れて沸騰させ、①を入れてさっと煮て、みそを溶き入れる。

③ 器に②を盛り、一味唐辛子をふる。

にらに含まれるアリシンで
免疫力をアップ！

1食分の野菜
138g

104 kcal

食物繊維 2.0g

塩分 2.9g

大根×コンビーフのコムタン風スープ

牛肉を煮込んだ韓国のスープを、コンビーフで手軽に作りました。塩、こしょうの味つけであっさりと。

材料（2人分）

大根 … 250g
にら … ¼束（25g）
コンビーフ◎ … 1パック（80g）
A 水 … 2カップ
　 酒 … 大さじ1
　 塩 … 小さじ⅔
　 こしょう … 少々

作り方

① 大根は大きめの乱切りにして耐熱皿に入れ、ラップをして電子レンジで5分加熱する。にらは5cm長さに切る。

② 鍋にAを入れて煮立て、大根、コンビーフを加える。沸騰したら弱火にして蓋をし、15分ほど煮る。

③ ②の大根が柔らかくなったら、にらを加えてさっと煮る。

栄養メモ

コラーゲンの合成に効果的なスープで美肌を目指して
コンビーフに豊富なたんぱく質はコラーゲンのもと。大根に豊富なビタミンCでコラーゲンの合成を促して。

代わりにこんなうまみ食材

◎ウインナー　◎ツナ缶　　など

*ウインナーは鶏がらスープの素適量も加える

低カロリー＆とろみで満足感◎
ダイエット中でも安心スープ

51
kcal

食物繊維
1.7g

塩分
1.9g

大根×カニカマのとろみスープ

とろみのあるスープでほっと落ち着き、体が温まるスープです。仕上げにごまを散らして香りよく。

栄養メモ

健康的にダイエットしたいときのおすすめスープ

カニカマは、高たんぱく＆低脂質。ビタミンB群も含まれ、糖質や脂質の代謝を促し、健康的なダイエットに。

代わりにこんなうまみ食材

◎ハム　◎ほたて缶　　など

材料（2人分）

かに風味かまぼこ◎ … 3本
大根 … 240g
A〔 水 … 2カップ
　　鶏がらスープの素 … 小さじ½
B〔 しょうゆ … 小さじ½
　　塩 … 小さじ⅓
C〔 片栗粉 … 小さじ2
　　水 … 小さじ4
黒炒りごま … 少々

作り方

① かに風味かまぼこはほぐす。大根は5cm長さの細切りにする。

② 鍋にAを入れて沸騰させ、①を加える。沸騰したら弱火にし、蓋をして4〜5分煮る。しんなりしたらBを加えてさっと煮て、混ぜ合わせたCでとろみをつける。

③ 器に②を盛り、黒炒りごまをふる。

長ねぎ×ウインナーのビネガースープ

121kcal

食物繊維 2.6g

塩分 2.2g

野菜の甘みとウインナーのうまみをたっぷり感じられる洋風スープです。仕上げに加えるお酢で、さっぱりと食べられるから、食欲がない日にもおすすめ。

材料（2人分）

ウインナー◎ … 4本
長ねぎ … 小2本（160g）
かぶ … 1個（80g）
オリーブ油 … 小さじ1
A 水 … 2カップ
　洋風スープの素 … 小さじ½
　塩 … 小さじ½
　こしょう … 少々
酢 … 大さじ½

作り方

1 ウインナーは縦に1本切り込みを入れる。長ねぎは5cm長さに切る。かぶは茎を2〜3cm残して、8等分のくし形切りにする。

2 鍋にオリーブ油を中火で熱し、❶を炒める。油が回ったらAを加え、沸騰したら弱火にして蓋をし、7〜8分煮る。火が通ったら酢を加え、ひと煮する。

栄養メモ

疲れが取れにくいときに食べたい疲労回復スープ

長ねぎに含まれる硫化アリルで、ウインナーに含まれるビタミンB₁の吸収率をグンとアップ。酢のクエン酸もプラスして疲労回復に。

代わりにこんなうまみ食材

◎ベーコン
◎ツナ缶
◎生ハム　　など

70

ねぎに含まれる硫化アリルで
疲れた体を元気に！

乳製品と桜えびで
カルシウムがとれるスープ♪

1食分の野菜

\\ **120g** //

226
kcal

食物繊維
3.0g

塩分
1.9g

長ねぎ×桜えびの クリームチーズスープ

クリームチーズと牛乳で、まろやかでリッチな口当たりに。炒めた桜えびの香ばしさが引き立ちます。

材料（2人分）

長ねぎ … 大2本（240g）
オリーブ油 … 大さじ½
桜えび◎ … 大さじ2
A ┌ 水・牛乳 … 各1カップ
　├ 洋風スープの素 … 小さじ½
　├ 塩 … 小さじ⅓
　└ 粗びき黒こしょう … 少々
クリームチーズ … 50g

作り方

① 長ねぎは3cm長さのぶつ切りにする。

② 鍋にオリーブ油を中火で熱し、①、桜えびを炒める。Aを加え、沸騰したら弱火にし、7～8分煮る。長ねぎが柔らかくなったら、クリームチーズを加えて溶かし、さっと煮る。

栄養メモ

骨粗鬆症予防にぴったりの
骨を丈夫にする組み合わせ

カルシウムが豊富な桜えびとクリームチーズで骨を丈夫に。さらに桜えびに豊富なマグネシウムで効果をアップ。

代わりにこんなうまみ食材

◎ウインナー　◎ベーコン　など

とろみのスープと長ねぎで
体がぽかぽか温まる！

1食分の野菜
120g

長ねぎ × たらこの スープ

96
kcal

食物繊維
3.0g

塩分
3.0g

味つけは塩のみでシンプルだから、
食材のうまみと甘みを味わって。
仕上げにたらすごま油で風味豊かに。

● 栄養メモ

硫化アリルとビタミンB₁で
疲れ知らずの体に

たらこはビタミンB₁、B₂などが豊富。長
ねぎに含まれる硫化アリルで吸収率が上
がるので、疲労回復に。

代わりにこんなうまみ食材

◎コンビーフ　◎あさり缶　など

材料（2人分）

たらこ◎ … ½腹（40g）
長ねぎ … 大2本（240g）
A［水 … 2と½カップ
　　酒 … 大さじ1
　　鶏がらスープの素・塩 … 各小さじ½
B［片栗粉 … 小さじ2
　　水 … 小さじ4
ごま油 … 小さじ½

作り方

① たらこは1cm幅のぶつ切りにする。
長ねぎは2mmくらいの斜め薄切りに
する。

② 鍋にAを入れて沸騰させ、①を加え
る。沸騰したら弱火にし、蓋をして
5～6分煮る。しんなりしたら、混
ぜ合わせたBを加えてとろみをつけ、
ごま油を加える。

ほたてのタウリンと
栄養豊富な卵でスタミナアップ

1食分の野菜
\\ **120g** //

材料（2人分）

長ねぎ … 大2本（240g）
卵豆腐 … 1パック（100g）
だし汁 … 2と½カップ
ほたて缶◎ … 1缶（70g）
みそ … 大さじ2

作り方

① 長ねぎは小口切りにする。卵豆腐は食べやすく切る。

② 鍋にだし汁を入れて沸騰させ、ほたて缶を汁ごと加える。長ねぎも加えて3〜4分煮て、しんなりしたら卵豆腐を加え、みそを溶き入れる。

149
kcal

食物繊維
3.9g

塩分
3.2g

長ねぎ×ほたて缶、
卵豆腐のみそ汁

たっぷりの長ねぎの中から
つるんとした卵豆腐の食感が◎。
ほたてのエキスもたっぷりです。

● 栄養メモ

うまみの掛け合わせで
食欲のないときにぴったり

食欲のないときには、卵豆腐の入ったみそ汁で栄養補給。長ねぎとほたて缶のうまみの相乗効果でさらに美味。

代わりにこんなうまみ食材

◎ツナ缶　◎はんぺん　　など

74

わかめとたけのこの
食物繊維で便秘を解消!

長ねぎ × わかめのみそ汁

定番の長ねぎとわかめのみそ汁にたけのこを加えました。食感と満足感がグンとアップします。

82 kcal

食物繊維 3.9g

塩分 2.0g

125g

● 栄養メモ

不溶性と水溶性食物繊維をバランスよく摂取できる

たけのこに豊富な不溶性食物繊維とわかめに豊富な水溶性食物繊維を両方摂取できるから、腸活にぴったり。

代わりにこんなうまみ食材

◎ はんぺん　　◎ ちりめんじゃこ　など

材料(2人分)

長ねぎ … 1本(100g)
たけのこ(水煮)… 150g
ごま油 … 小さじ1
だし汁 … 2カップ
乾燥わかめ◎ … 小さじ1
みそ … 大さじ1と½

作り方

① 長ねぎは1cm幅の斜め切りにする。たけのこは薄切りにする。

② 鍋にごま油を中火で熱し、①を炒める。油が回ったらだし汁を加え、沸騰したら弱火で4〜5分煮る。しんなりしたらわかめを加えてさっと煮て、みそを溶き入れる。

じゃがいも×ランチョンミート、キャベツのみそ汁

252 kcal

食物繊維 8.0g

塩分 2.4g

ごろっと入った具材で食べ応え
バッチリのみそ汁です。
ランチョンミートから出るだしが
じゃがいもになじんでおいしい！

材料（2人分）

ランチョンミート缶◎ … 100g
じゃがいも … 1個（150g）
キャベツ … 100g
サラダ油 … 小さじ1
だし汁 … 2カップ
みそ … 大さじ1

作り方

① ランチョンミートは1cm厚さに切り、4等分に切る。じゃがいもは一口大に切り、水に5分ほどさらし、水けをきる。キャベツは3〜4cm角に切る。

② 鍋にサラダ油を中火で熱し、ランチョンミートを炒める。油が回ったらじゃがいもを加えてさっと炒め、だし汁を加える。沸騰したら弱火にして蓋をし、7〜8分煮る。キャベツを加えて3〜4分煮、火が通ったらみそを溶き入れる。

●栄養メモ

**じゃがいもとキャベツで
胃の健康を保つ**

キャベツに含まれるビタミンUで胃の粘膜を保護。じゃがいもにはビタミンCが豊富で消化もよく、胃の健康を保つのに効果的。

代わりにこんなうまみ食材

◎ さつま揚げ
◎ ベーコン
◎ 桜えび　　　　など

ビタミンCが豊富だから、
うるつやの美肌に効果的

EPAやDHAが豊富なさば缶は
中性脂肪を抑える効果が

1食分の野菜
\\ **120g** //

じゃがいも × さば缶のみそ汁

さば缶で栄養とボリュームを
手軽にアップ。トッピングした
さわやかな青じそがよく合います。

268 kcal

食物繊維 **11.2g**

塩分 **2.2g**

材料（2人分）

じゃがいも … 小2個（240g）
青じそ … 2枚
A ┌ 水 … 1と½カップ
　└ 酒 … 大さじ1
さば水煮缶◎ … 1缶（200g）
みそ … 大さじ1

作り方

① じゃがいもは1cm厚さの半月切りにし、水に5分ほどさらして水けをきる。青じそはせん切りにする。

② 鍋にAを入れて沸騰させ、じゃがいも、さば缶を汁ごと加え、蓋をして弱火にし、7〜8分煮る。火が通ったらみそを溶き入れる。

③ 器に❷を盛り、青じそをのせる。

● 栄養メモ

オメガ3系脂肪酸とカリウムで動脈硬化を予防

じゃがいもに豊富なカリウムとさば缶に豊富なEPAで、体外に塩分を出しつつ、血流をよくして動脈硬化を予防。

代わりにこんなうまみ食材

◎納豆　◎かに風味かまぼこ　など

＊水の代わりにだし汁を使用

うまみたっぷりのしらすで
カルシウムを補給！

**じゃがいも×しらす、
"ザーサイ"のスープ**

満足感のあるスープです。

スープに、しらすのうまみが加わって

鶏がらスープとザーサイが効いた

86
kcal

食物繊維
7.7g

塩分
2.4g

● 栄養メモ

**熱に壊れにくいビタミンCと
カルシウムで骨を強化！**

じゃがいもに含まれるビタミンCは熱に
強く、しらすに豊富なカルシウムの吸収
をサポート。骨の強化に◎。

代わりにこんなうまみ食材

◎ハム　◎さつま揚げ　　　など

材料（2人分）

じゃがいも … 1個（150g）
セロリ … 1本（100g）
ザーサイ … 10g
ごま油 … 大さじ½
A「 水 … 2カップ
　　鶏がらスープの素 … 小さじ½
しらす◎ … 大さじ2
しょうゆ … 小さじ1
塩 … 小さじ¼
粗びき黒こしょう … 少々

作り方

① じゃがいもは1cm角の棒状に切り、
水に5分ほどさらして水けをきる。
セロリは斜め薄切りにし、ザーサイ
はせん切りにする。

② 鍋にごま油を中火で熱し、①を炒め、
油が回ってしんなりしたら、A、
しらすを加え、蓋をして弱火で10分
ほど煮る。柔らかくなったらしょう
ゆ、塩、粗びき黒こしょうを加える。

ビタミンB₂、Cやカルシウムが
たっぷりで栄養満点！

じゃがいも×パプリカのチーズスープ

具沢山の洋風スープに、カマンベールチーズでコクをプラス。ボリューム感のある一品です。

160 kcal

食物繊維 7.4g

塩分 1.8g

材料（2人分）

じゃがいも … 1個（150g）
赤パプリカ・黄パプリカ … 各⅓個（各50g）
オリーブ油 … 大さじ½
A ┌ 水 … 2カップ
　└ 洋風スープの素 … 小さじ½
塩 … 小さじ⅓
こしょう … 少々
カマンベールチーズ◎ … ½箱（50g）

作り方

① じゃがいもは1.5cm厚さのいちょう切りにし、水に5分ほどさらして水けをきる。パプリカは一口大に切る。

② 鍋にオリーブ油を中火で熱し、❶を炒め、油が回ったらAを加え、蓋をして弱火で7〜8分煮る。柔らかくなったら塩、こしょうで味をととのえ、カマンベールチーズをちぎりながら加えてさっと煮る。

● 栄養メモ

**美肌におすすめ！
ビタミンC満点スープ**

じゃがいもとパプリカにはビタミンCがたっぷり。カマンベールチーズに含まれるビタミンB₂でピチピチの美肌に。

代わりにこんなうまみ食材

◎ベーコン　◎ツナ缶　など

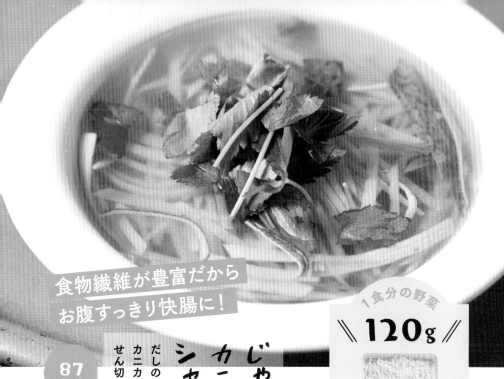

食物繊維が豊富だから
お腹すっきり快腸に！

87 kcal

食物繊維
10.8g

塩分
1.9g

じゃがいも×カニカマの
シャキシャキスープ

だしの風味が広がるスープに
カニカマから出るだしがおいしい！
せん切りじゃがいもの食感を楽しんで。

● 栄養メモ

**コラーゲンの生成を促し
もちもちの弾力肌に**
たんぱく質が豊富なカニカマとビタミンC
が豊富なじゃがいもで、コラーゲンの生
成を促し、弾力のある肌に。

代わりにこんなうまみ食材
◎桜えび　◎あさり缶　　など

材料（2人分）
じゃがいも … 小2個（240g）
かに風味かまぼこ◎ … 2本
三つ葉 … 適量
だし汁 … 2カップ
A ［ しょうゆ … 小さじ1
　　 塩 … 小さじ⅓

作り方

① じゃがいもはせん切りにして水に5
分ほどさらし、水けをきる。かに風
味かまぼこはほぐす。三つ葉は
3cm長さに切る。

② 鍋にだし汁を入れて沸騰させ、じゃ
がいも、かに風味かまぼこ、Aを加
えてさっと煮る。

③ 器に②を盛り、三つ葉をのせる。

COLUMN. 2

スープ＆みそ汁の
ちょい足し食材のこと

　スープやみそ汁に加えることで、うまみがグンとアップするちょい足し食材。桜えびや干ししいたけ、とろろ昆布、塩昆布、ちりめんじゃこ、ザーサイなどは、手軽にスープに加えることができるうえ、さらに風味もプラスしてくれます。保存も効くので常備しておくととても便利です。

　他にも常備しておきたい食材として、ベーコンやウインナー、ちくわなどの肉・魚加工品、納豆、さば水煮缶、ツナ缶、コンビーフなどの缶詰類があります。これらの食材は、手軽に使えるうえ、スープにボリューム感とうまみをプラスしてくれます。簡単なスープを作りたいけれど、ちょっと食べ応えも欲しい …… というときに使うと、満足感がアップするうえ、たんぱく質やカルシウムなど、栄養価が高まるのがうれしいですね。

　ご飯やパンを添えれば、栄養バランスも整うので、時間のないときの一品としてもおすすめ。旬の野菜＋ちょい足し食材で、手軽においしいスープを作りましょう。

Part. 3

たっぷり野菜＆
たんぱく質で
パワースープ＆みそ汁

野菜をたっぷり食べたいとはいえ、それだけでは栄養バランスが偏ります。
肉、魚、卵、大豆などと一緒にスープ＆みそ汁にして食べましょう。
この一皿で、パワーチャージして。

肉・魚・卵・大豆も一緒にとれるパワースープ

ビタミン、ミネラルが豊富な野菜がたっぷりのスープ＆みそ汁は、それだけで体調を整えてくれる気がします。

そこに、肉、魚、卵、大豆、豆腐などのたんぱく質を一緒に入れてコトコト煮れば、さらにスタミナ＆栄養バランスもアップ！　力がモリモリわいてくるパワースープのできあがりです。朝食やランチに、夜遅く帰ってきた日の夕食にもぴったり！　ダイエットや筋トレをしている人にもおすすめです。

特に筋トレをしている人は、高たんぱく、低脂肪の鶏むね肉や魚のスープを選ぶといいでしょう。卵や大豆、豆腐のスープは、胃に優しいから朝食に取り入れると体が温まりますよ。

たんぱく質も
しっかりとれる！

鶏もも肉となす、ズッキーニのラタトゥイユ風スープ

216 kcal

食物繊維 3.1g

塩分 2.1g

ズッキーニやトマトなどの夏野菜を使ったフランスの煮込み料理をスープ仕立てに。具沢山だから、パンを添えるだけで満足できる献立が完成します。

材料（2人分）

鶏もも肉 … 160g
塩 … 小さじ⅛
こしょう … 少々
なす … 2本（160g）
ズッキーニ … ½本（80g）
にんにく … 1かけ
オリーブ油 … 大さじ½
A｜水 … 1と½カップ
　｜ホールトマト缶 … 100g
　｜塩 … 小さじ½
　｜こしょう … 少々
　｜タイム（あれば）… 1本
タイム … 適宜

作り方

1. 鶏肉は2cm角に切り、塩、こしょうをふる。なすは小さめの乱切りにし、水に5分ほどさらし、水けをきる。ズッキーニは小さめの乱切り、にんにくはみじん切りにする。

2. 鍋にオリーブ油を中火で熱し、鶏肉を焼く。焼き目がついたら裏返し、にんにくを加えて炒め、香りが出たらなす、ズッキーニを加えて炒め、油が回ったらAを加える。沸騰したら弱火にして蓋をし、10分ほど煮る。器に盛り、好みでタイムをのせる。

栄養メモ

夏野菜たっぷりスープで夏バテ解消！

なす、ズッキーニに豊富なカリウムでむくみを解消し、トマトでビタミンをチャージ。たんぱく質もしっかりとって夏バテ予防を。

1食分の野菜
\\ **120g** //

トマトやなすの抗酸化作用で
アンチエイジング効果を期待

```
1食分の野菜
\\ 120g //
```

高たんぱく&低カロリーで
ダイエット中におすすめ

147 kcal

食物繊維 2.3g

塩分 3.2g

淡白な味わいの鶏むね肉とかぶのスープです。ナンプラーの味つけでエスニック風に仕上げます。

鶏むね肉とかぶのとろみスープ

材料（2人分）

鶏むね肉 … 160g
塩・こしょう … 各少々
片栗粉 … 適量
かぶ … 2個（160g）
かぶの葉 … 2個分（80g）

A [水 … 2カップ
酒 … 大さじ1
ナンプラー … 大さじ1と⅓
粗びき黒こしょう … 少々

作り方

① 鶏肉は7〜8mm厚さのそぎ切りにして一口大に切り、塩、こしょうをふってから、片栗粉をまぶす。かぶは6等分のくし形切りにし、かぶの葉は1cm幅の小口切りにする。

② 鍋にAを入れて煮立て、かぶを加える。2〜3分煮てしんなりしたら、鶏肉を加えてさっと煮て、かぶの葉、ナンプラーを加え、味をととのえる。器に盛り、粗びき黒こしょうをふる。

栄養メモ

病み上がりの体に優しいリカバリースープ

弱った胃腸に優しいかぶと、疲労回復効果のある鶏むね肉で、病み上がりの体の調子をサポートして。

β-カロテン、ビタミンC、Eが
豊富で美容にもうれしい！

266
kcal

食物繊維
4.0g

塩分
2.0g

豚こまとかぼちゃ、ミニトマトのみそ汁

カラフル野菜と豚肉がたっぷりで
元気の出るみそ汁です。
トマトとみその組み合わせが◎。

● 栄養メモ

抗酸化作用の高いビタミンは
脂質と一緒に摂取して

かぼちゃとトマトに豊富なβ-カロテン、
ビタミンC、Eは、豚肉に含まれる脂質
と一緒に摂取することで吸収率がアップ。

材料（2人分）

豚こま切れ肉 … 160g
かぼちゃ … 150g
ミニトマト … 8個（100g）
オリーブ油 … 大さじ½
だし汁 … 2カップ
みそ … 大さじ1と½

作り方

① 豚肉は大きければ一口大に切る。か
ぼちゃは1cm厚さに切ってから一口
大に切る。ミニトマトはヘタを取る。

② 鍋にオリーブ油を中火で熱し、豚肉
を炒める。色が変わったらだし汁を加
え、沸騰したらかぼちゃを加え、弱
火にして蓋をし、火が通るまで3〜4
分煮る。ミニトマトを加えてさっと煮
て、みそを溶き入れる。

1食分の野菜
125g

豚肉、にら、にんにくで
スタミナ補給！

336 kcal

食物繊維 2.7g

塩分 3.1g

豚バラとキャベツの
もつ鍋風スープ

豚バラでお手軽にもつ鍋風の
スープを。にんにくが効いたスープで
野菜もたっぷり食べられます。

材料 (2人分)

豚バラ薄切り肉…160g
キャベツ…200g
にら…½袋(50g)
にんにく…1かけ
A 「 水…3カップ
　　 酒…大さじ1

B 「 しょうゆ
　　 …大さじ1
　　 塩…小さじ½
　　 こしょう
　　 …少々

作り方

① 豚肉は一口大に切る。キャベツは4〜
5cm四方のざく切りにし、にらは
5cm長さに切る。にんにくは薄切り
にする。

② 鍋にA、にんにくを入れて煮立たせ、
豚肉を加える。色が変わったらアクを
取り除き、B、キャベツを加え、沸騰
したら弱火にして蓋をし、5〜6分煮
る。しんなりしたらにらを加えてさっ
と煮る。

● 栄養メモ

元気がなく不調なときに
食べたいスタミナ満点スープ

にら、にんにくのアリシンで、豚
肉に含まれるビタミンB₁の吸収
が高まるので、疲労回復効果抜
群。

キムチに含まれるカプサイシンは
代謝をアップする働きが

1食分の野菜
125g

346 kcal

食物繊維 3.1g

塩分 3.4g

ピリッと辛いキムチに、すりごまと
みそのコクがマッチして美味。大根は
電子レンジ加熱で時短が便利です。

牛肉と大根、キムチの韓国風スープ

● 栄養メモ

大根とキムチで腸内環境をピカピカに！

大根の食物繊維とキムチの乳酸菌で、腸内環境を改善して便秘を予防。キムチは代謝をアップさせ、美肌に導くビタミンB_2も豊富。

材料（2人分）

牛薄切り肉 … 160g
大根 … 150g
キムチ … 100g
A ┌ 水 … 2カップ
　└ 酒 … 大さじ1

みそ … 大さじ1と½
B ┌ 白すりごま
　│　… 大さじ1
　│ おろしにんにく
　└　… 小さじ½

作り方

1 牛肉は大きければ食べやすく切る。大根は乱切りにして耐熱皿に入れ、ふんわりとラップをして、串がすっとささるくらいまで電子レンジで3分加熱する。

2 鍋にAを入れて沸騰させ、牛肉を加える。沸騰したらアクを取り除き、大根、キムチ、半量のみそを加え、弱火にして蓋をし、7〜8分煮る。

3 ②に残りのみそ、Bを加えてさっと煮る。

\\ 1食分の野菜 //
140g

豚ひき肉で疲れた体に
パワーチャージ!

肉団子と白菜、春雨のスープ

豚ひき肉とオイスターソースのうまみが、春雨によく絡んで美味。白菜をたっぷりと食べられます。

278
kcal

食物繊維
2.2g

塩分
3.5g

材料 (2人分)

長ねぎ … ⅓本(30g)
白菜 … 250g
豚ひき肉 … 160g
A ┌ 酒 … 大さじ½
  │ 片栗粉 … 小さじ1
  │ 塩 … 小さじ¼
  └ こしょう … 少々
春雨 … 30g

B ┌ 水 … 3カップ
  └ 酒 … 大さじ1
C ┌ オイスターソース
  │   … 大さじ1
  │ しょうゆ … 大さじ½
  │ 塩 … 小さじ¼
  └ こしょう … 少々
ごま油 … 小さじ½

作り方

1 長ねぎはみじん切りにし、白菜は一口大のそぎ切りにする。

2 ボウルにひき肉、長ねぎ、Aを入れてよく練り混ぜ、6等分にして丸める。

3 鍋にBを入れて煮立たせ、②を加える。色が変わったらC、白菜を加えて弱火にし、蓋をして12分ほど煮る。火が通ったら春雨を加えて2〜3分煮て、ごま油を加える。

栄養メモ

ビタミンCが豊富な
冬野菜で風邪予防を

冬野菜の白菜と長ねぎにはビタミンCがたっぷり。肉団子に使う豚ひき肉は、滋養強壮効果があるから風邪予防にぴったり。

食物繊維豊富なしいたけで
便秘を予防！

1食分の野菜

130g

279 kcal

食物繊維 **7.0g**

塩分 **2.6g**

豚ひき肉としいたけの和風カレーみそ汁

スパイシーなカレー風味が後を引き、食欲を刺激してくれます。定番とは一味違った変わり種のみそ汁です。

栄養メモ

長ねぎ、豚肉の組み合わせで体を温め、代謝をアップ！

長ねぎの成分アイリンはアリシンに変化し、ビタミンB₁の吸収を高めるので、豚肉との組み合わせは好相性。

材料（2人分）

しいたけ … 8枚(160g)　豚ひき肉 … 160g
長ねぎ … 1本(100g)　カレー粉 … 小さじ2
しょうが … 1かけ　だし汁 … 2と½カップ
サラダ油 … 大さじ½　みそ … 大さじ2

作り方

① しいたけは1cm角に切り、長ねぎは5mm幅の小口切りにする。しょうがはみじん切りにする。

② 鍋にサラダ油、しょうがを入れて弱火にかけ、香りが出たら中火にし、ひき肉を加えて炒める。ポロポロになったらしいたけ、長ねぎを加えて炒め、しんなりしたらカレー粉を加えて炒める。

③ ②にだし汁を加え、沸騰したら弱火にし、4～5分煮て、みそを溶き入れる。

たらとさつまいもの ごま豆乳みそ汁

淡白でくせのないたらが、
すりごまと豆乳でコクたっぷりの
みそ汁によく合う一品です。
さつまいもの甘みでほっとする味に。

280 kcal

食物繊維 4.1g

塩分 2.1g

材料 (2人分)

生たら (切り身) … 2切れ (160g)
酒 … 小さじ1
塩・こしょう … 各少々
さつまいも … 200g
水菜 … ¼袋 (50g)
だし汁 … 1カップ
A ┌ 無調整豆乳 … 1カップ
　│ みそ … 大さじ1と⅓
　└ 白すりごま … 大さじ1

作り方

① たらは一口大のそぎ切りにし、酒を絡めて5分ほどおいたら、ペーパータオルで水けを拭き取り、塩、こしょうをふる。さつまいもは1cm厚さの半月切りにし、水に5分ほどさらして水けをきる。水菜は5cm長さのざく切りにする。

② 鍋にだし汁を入れて沸騰させ、たら、さつまいもを加えて弱火にし、蓋をして火が通るまで5〜6分煮る。

③ ②に水菜を加えてさっと煮て、Aを加えて温める。

栄養メモ

**レシチンとカリウムで
血管を強くして高血圧を予防**
たらに含まれる豊富なたんぱく質と豆乳に含まれるレシチンで血管を強くし、さつまいもに豊富なカリウムで高血圧予防を。

1食分の野菜

125g

さつまいもは皮ごと使って
栄養を逃さずいただく！

大根おろしの辛み成分には
消化を促進する効果が

1食分の野菜
125g

216 kcal

食物繊維 5.4g

塩分 2.4g

ぶりとほうれん草のみぞれスープ

体調がすぐれない日でも食べやすい、体が温まるスープです。しょうがをのせて風味よく仕上げます。

作り方

① ぶりは半分に切り、酒を絡めて5分ほどおき、ペーパータオルで水けを拭き取る。ほうれん草は5cm長さのざく切りにして耐熱ボウルに入れ、ふんわりとラップをして電子レンジで2分30秒加熱する。火が通ったら水に5分ほどさらして水けをきる。しょうがはせん切りにする。

② 鍋にだし汁を入れて沸騰させ、ぶりを加える。沸騰したら弱火にし、蓋をして2〜3分煮る。ほうれん草、大根おろしを汁ごと加え、Aを加える。

③ 器に②を盛り、しょうがをのせる。

材料（2人分）

ぶり（切り身）… 2切れ（160g）
酒 … 小さじ1
ほうれん草 … ½袋（100g）
しょうが … ½かけ
だし汁 … 2カップ
大根おろし … 150g
A ┃ しょうゆ … 小さじ1
　 ┃ 塩 … 小さじ½

ビタミンAが豊富な鮭で
潤いのある素肌に

1食分の野菜
120g

154 kcal

食物繊維 3.0g

塩分 2.0g

鮭とかぶのごろごろみそ汁

大きめに切った具材で
食べ応えのあるみそ汁です。
かぶは葉まで使って栄養価をアップ。

栄養メモ

**鮭のアスタキサンチンと
ビタミンA、Cの抗酸化スープ**

鮭には強力な抗酸化作用が。か
ぶを丸ごと使うことで、ビタミン
A、Cがたっぷりとれ、血液サラ
サラ、美肌に導きます。

材料（2人分）

生鮭（切り身）… 2切れ（160g）
かぶ … 2個（160g）
かぶの葉 … 2個分（80g）
だし汁 … 2カップ
みそ … 大さじ1と½

作り方

1 鮭は3等分に切る。かぶは茎を2cm
ほど残して半分に切る。かぶの葉は
5cm長さに切る。

2 鍋にだし汁を入れて沸騰させ、鮭、
かぶを加える。沸騰したら弱火にし、
蓋をして10分ほど煮る。火が通っ
たらかぶの葉を加えてさっと煮て、
みそを溶き入れる。

れんこんとしめじで
食物繊維を補給！

318 kcal

1食分の野菜
125g

食物繊維
3.9g

塩分
2.5g

さわらとれんこん、しめじのレモンクリームスープ

牛乳とバターのまろやかなスープに
レモンを加えてすっきり仕上げます。
れんこんの噛み応えで満足感◎。

材料（2人分）

さわら（切り身）… 2切れ（160g）
塩・こしょう … 各少々
小麦粉 … 適量
れんこん … 150g
しめじ … 1袋（100g）
オリーブ油 … 小さじ1
A┌ 水・牛乳 … 各1カップ
 │ 塩 … 小さじ⅔
 └ こしょう … 少々
B┌ バター … 10g
 └ レモン汁 … 大さじ1
レモン（薄切り）… 2枚
パセリのみじん切り … 適量

作り方

① さわらは1切れを3等分のそぎ切りにして塩、こしょうをふり、小麦粉をまぶす。れんこんは1cm厚さのいちょう切りにし、水に5分ほどさらして水けをきる。しめじは石づきを切り落とし、小房に分ける。

② 鍋にオリーブ油を中火で熱し、さわらを焼く。両面に焼き色がついたらAを加えて煮立たせ、れんこん、しめじを加えて弱火にし、蓋をして7〜8分煮る。

③ ②に火が通ったらBを加えてさっと煮て、器に盛り、レモンをのせ、パセリをふる。

β-カロテンや鉄分が豊富な
小松菜をたっぷり食べられる

173
kcal

食物繊維
3.7g

塩分
3.6g

めかじきとザーサイ、小松菜のスープ

めかじきは最初にごま油で炒めてうまみをアップ。小松菜とえのきの食感を楽しみながらいただきます。

1食分の野菜
125g

材料（2人分）

めかじき（切り身）… 2切れ（160g）
A ┌ 酒 … 小さじ1
  │ 塩 … 小さじ¼
  └ こしょう … 少々
小松菜 … ¾袋（150g）
えのきだけ … 1袋（100g）
ザーサイ … 15g
ごま油 … 小さじ1
B ┌ 水 … 2カップ
  └ 酒 … 大さじ1
C ┌ しょうゆ … 大さじ1
  │ 塩 … 少々
  └ こしょう … 少々

作り方

① めかじきは1cm幅の棒状に切り、Aを絡める。小松菜は5cm長さに切る。えのきは根元を落とし、長さを半分に切ってほぐす。ザーサイは粗みじん切りにする。

② 鍋にごま油、ザーサイを入れて弱火にかける。香りが出たら中火にし、めかじきを加えて炒める。めかじきの色が変ったら、Bを加えて沸騰させ、小松菜、えのきを加える。沸騰したら弱火にして蓋をし、4〜5分煮て、火が通ったらCを加える。

えびともやし、パプリカの
トムヤムクン風スープ

プリプリのえびとシャキッとした
たっぷりのもやしのスープです。
ナンプラーとパクチーでエスニックに。

134
kcal

食物繊維
2.1g

塩分
4.7g

タウリン豊富なえびと
にんにくで疲労回復スープ

1食分の野菜

\\ 120g //

材料（2人分）

むきえび … 160g
もやし … 1袋（200g）
黄パプリカ … ¼個（40g）
赤唐辛子 … 1本
にんにく … 1かけ
パクチー … 適量
サラダ油 … 大さじ½
A ┌ 水 … 2と½カップ
　└ 酒 … 大さじ1
B ┌ ナンプラー … 大さじ2
　│ レモン汁 … 大さじ1と½
　└ 塩・こしょう … 各少々

作り方

1 えびは背わたを取り除き、片栗粉適量（分量外）を揉み込んで流水でよく洗い、ペーパータオルで水けを拭き取る。もやしはひげ根を取り除き、パプリカは5mm幅の細切りにする。赤唐辛子は種を取り除き、小口切りにする。にんにくは薄切りにし、パクチーはざく切りにする。

2 鍋にサラダ油、赤唐辛子、にんにくを入れて弱火にかけ、香りが出たらえびを加えて中火で炒める。色が変わったらAを加え、沸騰したら弱火にし、もやし、パプリカを加えて4〜5分煮る。しんなりしたらBを加える。

3 器に**2**を盛り、パクチーをのせる。

鉄分豊富なあさりで
貧血を予防

106 kcal

食物繊維 **2.3g**

塩分 **3.6g**

あさりとキャベツ、にんじんの塩麹スープ

バターの風味とあさりのエキスがたっぷりの塩麹スープ。最後の一滴まで飲み干したくなるおいしさです。

1食分の野菜
120g

材料（2人分）

あさり … 150g
キャベツ … 200g
にんじん … ¼本（40g）
A ┌ 水 … 2と½カップ
　└ 白ワイン … 大さじ1
B ┌ 塩麹 … 大さじ2
　│ 塩 … 小さじ½
　└ バター … 10g
粗びき黒こしょう … 少々

作り方

① あさりは砂抜きし、殻をこすりながらよく洗う。キャベツは1cm幅の細切りにし、にんじんは2〜3mm幅の細切りにする。

② 鍋にAを入れて沸騰させ、あさりを加える。口が開いたらキャベツ、にんじんを加えて蓋をし、弱火で5〜6分煮る。Bを加えてさっと煮たら器に盛り、粗びき黒こしょうをふる。

101

まいたけと玉ねぎのキムチかきたまスープ

ピリ辛味が後をひく、キムチのスープです。ごま油で具材を炒めたら、仕上げに卵を流し入れて、ふんわり柔らかく仕上げましょう。

150 kcal

食物繊維 2.9g

塩分 3.5g

材料（2人分）

卵 … 2個
まいたけ … 1パック（100g）
玉ねぎ … ⅓個（60g）
キムチ … 100g
ごま油 … 大さじ½
A [水 … 3カップ
鶏がらスープの素 … 小さじ1]
しょうゆ … 小さじ2
塩 … 小さじ¼
万能ねぎの斜め切り … 適量

栄養メモ

**腸内環境を整える腸活に！
便秘解消＆免疫力アップ**

まいたけに含まれるβ-グルカン、玉ねぎに含まれるオリゴ糖、キムチに豊富な乳酸菌で腸がピカピカ＆便秘解消！免疫力もアップ。

作り方

1. 卵は溶きほぐす。まいたけは小房に分ける。玉ねぎは1cm幅のくし形切りにし、キムチはざく切りにする。

2. 鍋にごま油を中火で熱し、玉ねぎを炒める。しんなりしたらキムチを加えて炒め、A、まいたけを加える。沸騰したら弱火にし、蓋をして3〜4分煮る。しょうゆ、塩で味をととのえ、卵を回し入れ、ふんわり固まるまで2分ほど煮る。

3. 器に❷を盛り、万能ねぎをのせる。

102

低カロリーで食べ応えのある
まいたけはダイエットの味方!

ビタミンB$_1$が豊富なとうもろこしで
疲れにくい体に！

1食分の野菜

\\ **120g** //

207
kcal

食物繊維
5.8g

塩分
2.2g

とうもろこしのかきたまみそ汁

とうもろこしと長ねぎの甘みが
口いっぱいに広がります。柔らかい
かきたまでほっと落ち着くおみそ汁。

材料（2人分）

卵 … 2個
とうもろこし … 1本（正味180g）
長ねぎ … 60g
だし汁 … 2と½カップ
みそ … 大さじ1と½

作り方

① 卵は溶きほぐす。とうもろこしは包丁
で実をそぐ。長ねぎは5mm厚さの斜
め薄切りにする。

② 鍋にだし汁を入れて沸騰させ、とうも
ろこし、長ねぎを加える。沸騰したら
弱火にして3〜4分煮て、みそを溶
き入れ、卵を回し入れて1〜2分煮る。

● 栄養メモ

**糖質の代謝に欠かせない
ビタミンB$_1$が豊富**

とうもろこしには、ビタミンB$_1$が比較的
多く含まれるので、糖質の代謝を促し、
疲労回復に効果的。

104

なめこのネバネバが
免疫力をアップ

小松菜となめこの落とし卵みそ汁

落とし卵の固さはお好みで。
半熟の黄身を絡めながら
食べるのもおいしいですよ。

134 kcal

食物繊維 3.8g

塩分 2.1g

1食分の野菜
125g

栄養メモ

**小松菜、なめこと卵の
組み合わせで完全栄養食**

卵はビタミンCと食物繊維以外のすべて
の栄養素を含むので、小松菜となめこを
プラスして完全栄養食の完成。

材料（2人分）

小松菜 … ¾袋（150g）
なめこ … 1袋（100g）
だし汁 … 2カップ
卵 … 2個
みそ … 大さじ1と½

作り方

① 小松菜は5cm長さに切る。なめこはさっと洗って水けをきる。

② 鍋にだし汁を入れて沸騰させ、小松菜を加えて煮る。しんなりしたらなめこを加え、卵を割り入れて弱火で煮る。好みの固さになるまで卵に火が入ったら、みそを溶き入れる。

セロリやじゃがいもで
食物繊維がたっぷり！

416 kcal

食物繊維 **7.5g**

塩分 **2.2g**

ベーコンと じゃがいもの カルボナーラスープ

濃厚でマイルドなスープに、セロリの
シャキッとした食感がアクセント。
温泉卵は市販のものでお手軽に。

1食分の野菜
125g

材料（2人分）

ブロックベーコン … 50g
セロリ … 1本（100g）
じゃがいも … 1個（150g）
オリーブ油 … 大さじ½
A ┌ 水・牛乳 … 各1カップ
　├ 塩 … 小さじ¼
　└ こしょう … 少々
ピザ用チーズ … 50g
温泉卵 … 2個
粗びき黒こしょう … 少々

作り方

① ベーコンは1cm角、セロリとじゃがいも
は1.5cm角に切る。じゃがいもは水に5
分ほどさらして水けをきる。

② 鍋にオリーブ油を中火で熱し、①を炒める。
油が回ったらAを加え、沸騰したら弱火に
して蓋をし、8分ほど煮る。柔らかくなっ
たらピザ用チーズを加え、さっと煮る。

③ 器に②を盛り、温泉卵をのせ、粗びき黒こ
しょうをふる。

栄養豊富な卵とビタミンCが
豊富なトマトでバランス◎

焼きトマトとちぎりレタスの目玉焼きのっけスープ

148 kcal

食物繊維 **1.3g**

塩分 **1.9g**

具材と調味料を器に入れて
お湯を注いででき上がり。
朝食におすすめのスープです。

1食分の野菜
125g

材料（2人分）

トマト … 1個（200g）
レタス … 2枚（50g）
オリーブ油 … 小さじ2
卵 … 2個
A ［ 洋風スープの素 … 小さじ1
　　塩 … 小さじ⅓ ］
お湯 … 1と½カップ
粗びき黒こしょう … 少々

作り方

1. トマトは4等分の輪切りにする。レタスは食べやすい大きさにちぎり、器に入れる。

2. フライパンに半量のオリーブ油を中火で熱し、トマトを焼く。両面に焼き目がついたら❶の器に盛る。

3. ❷のフライパンをさっと拭いて残りのオリーブ油を中火で熱し、卵を割り入れる。弱火で好みの固さになるまで焼いたら、❷の器に盛る。

4. ❸にAを半量ずつ加え、お湯を半量ずつ注ぐ。粗びき黒こしょうをふる。

ミネラルたっぷりのめかぶで
みずみずしいお肌に!

1食分の野菜
120g

うずらと
白菜のスープ

ほくっとしたうずらの卵がおいしい
スープです。ねばりけのある
めかぶの食感も楽しめます。

131 kcal

食物繊維 2.8g

塩分 2.9g

材料（2人分）

白菜 … 240g
A [水 … 2と½カップ
　　鶏がらスープの素 … 小さじ1]
うずらの卵（水煮）… 12個
めかぶ … 2パック（70g）
B [オイスターソース … 大さじ1
　　塩 … 小さじ¼
　　こしょう … 少々]

作り方

① 白菜は5cm長さに切り、繊維に沿って1cm幅の細切りにする。

② 鍋にAを入れて沸騰させ、①を加える。沸騰したら弱火にし、蓋をして7～8分煮る。しんなりしたらうずらの卵、めかぶ、Bを加え、3～4分煮る。

● 栄養メモ

**栄養豊富なうずらの卵は
貧血予防に効果的**

うずらの卵は鶏卵より栄養価が高いのが特徴。ビタミンB₂、B₁₂、葉酸が特に豊富で、美容効果、貧血予防に。

108

カリウムが豊富な長いもは
むくみ予防に効果的

1食分の野菜

\\ 120g //

164
kcal

食物繊維
2.1g

塩分
2.0g

長いもと
れんこんのスープ

すりおろした長いもがとろりと
なめらか。だし汁と塩の
やさしい味わいのスープです。

● 栄養メモ

食物繊維がたっぷりとれる
滋養強壮スープ

長いもとれんこんに含まれる豊富な食物
繊維で便秘予防に。滋養強壮の効果も
あるのでパワーチャージを。

材料（2人分）

長いも … 120g　　塩 … 小さじ½
れんこん … 120g　温泉卵 … 2個
だし汁 … 2カップ

作り方

1 長いもは皮をむいてすりおろす。れんこんは2～3mm厚さのいちょう切りにし、水に5分ほどさらして水けをきる。

2 鍋にだし汁を入れて沸騰させ、❶を加える。沸騰したら弱火にし、4～5分煮る。しんなりしたら塩で味をととのえる。

3 器に❷を盛り、温泉卵をのせる。

大豆とカリフラワー、長ねぎの甘酒豆乳スープ

172 kcal

食物繊維 **8.0g**

塩分 **2.1g**

コクのある豆乳スープに
甘酒を加えて奥深い味わいに。
ごろっとしたカリフラワーと
ほくっとした大豆の食感もたまりません。

材料（2人分）

カリフラワー … 200g
長ねぎ … ½本（50g）
だし汁 … 1カップ
大豆（ドライパック） … 1袋（100g）
A 「 無調整豆乳 … 1カップ
　　甘酒 … 大さじ3
　　塩 … 小さじ⅔

作り方

① カリフラワーは小房に分け、長ねぎは白い部分を3cm長さのぶつ切りにする。

② 鍋にだし汁を入れて沸騰させ、①を加える。沸騰したら弱火にし、蓋をして7〜8分煮る。柔らかくなったら大豆、Aを加えて温める。

栄養メモ

腸内環境を整えて、細胞の新陳代謝アップ！

甘酒で腸内環境を整え、大豆と豆乳に豊富に含まれるイソフラボンで細胞の新陳代謝を高めて、女性の不調改善＆モチモチ肌に。

発酵食品の甘酒は
美容と健康にうれしい効果が♪

1食分の野菜

120g

ビタミンCやβ-カロテンが
たっぷりで美肌効果も！

厚揚げとミニトマト、ピーマンのカレースープ

厚揚げのコクとミニトマトの酸味がよく合います。さらっと口当たりのよいカレー風味でやみつきな味わいに。

173 kcal

食物繊維 3.5g

塩分 2.2g

材料（2人分）

厚揚げ … 160g
ピーマン … 4個（120g）
ミニトマト … 10個（120g）
オリーブ油 … 小さじ1
A ［ 水 … 2カップ
　　洋風スープの素 … 小さじ1
B ［ カレー粉 … 小さじ2
　　塩 … 小さじ½
　　こしょう … 少々

作り方

1 厚揚げは1cm厚さの一口大に切る。ピーマンは一口大の乱切りにし、ミニトマトはヘタを取る。

2 鍋にオリーブ油を中火で熱し、厚揚げ、ピーマンを炒める。油が回ったらAを加え、沸騰したら弱火にして3～4分煮る。B、ミニトマトを加えてさっと煮る。

● 栄養メモ

ビタミンC＆スパイスで血管強化＆血行促進！

ピーマン、ミニトマトに豊富に含まれるビタミンCは血管を健康に保ち、カレー粉は血行を促進する健康効果が！

にんにくパワーで
ダイエット中のスタミナ補給を!

131
kcal

食物繊維
5.0g

塩分
1.8g

低カロリーで淡白な味わいの
食材ですが、パンチのあるガリバタで
ヘルシーながらも満足感はバッチリ。

豆腐ともやし、えのきのガリバタスープ

1食分の野菜
125g

材料(2人分)

木綿豆腐 … ½丁(150g)
もやし … ½袋(100g)
えのきだけ … 大1袋(150g)
にんにく … 1かけ
バター … 10g
A ［ 水 … 2カップ
　　洋風スープの素 … 小さじ½
塩 … 小さじ½
こしょう … 少々
パセリのみじん切り … 適量

作り方

①　豆腐はペーパータオルで水けを拭き取り、食べやすくちぎる。もやしはひげ根を取る。えのきは根元を落とし、長さを半分に切ってほぐす。にんにくはみじん切りにする。

②　鍋にバター、にんにくを入れて弱火にかけ、香りが出たらAを加えて中火にする。沸騰したら豆腐、もやし、えのきを加えて蓋をし、弱火で4〜5分煮る。

③　②に塩、こしょうを加えてさっと煮て、器に盛り、パセリをふる。

トッピングした梅干しの
クエン酸で疲労回復

110 kcal

食物繊維 3.6g

塩分 1.9g

オクラと長いも、豆腐の梅スープ

刻んだオクラとたたいた長いもの食感に、つるんとなめらかな絹ごし豆腐の組み合わせが絶妙です。

材料（2人分）

オクラ … 10本（80g）
長いも … 160g
絹ごし豆腐 … ½丁（150g）
だし汁 … 2カップ
A ┌ しょうゆ … 小さじ½
　└ 塩 … 小さじ⅓
梅肉 … 小さじ½

作り方

① オクラは細かく刻む。長いもは皮をむいてポリ袋に入れ、麺棒などで粗くたたく。豆腐は半分に切る。

② 鍋にだし汁を入れて沸騰させ、❶を加える。沸騰したら弱火にして2〜3分煮て、Aを加える。

③ 器に❷を盛り、梅干しをのせる。

栄養メモ

オクラと長いものネバネバ成分でコレステロールを下げる

オクラと長いもには、ペクチンという食物繊維が含まれるので、体内でコレステロールが吸収されるのを予防。

ビタミンCが豊富な豆苗は
美肌や老化防止に！

1食分の野菜
125g

202
kcal

食物繊維
5.0g

塩分
2.3g

厚揚げと まいたけ、豆苗の ピリ辛みそ汁

ごろんと入った厚揚げとまいたけで
ボリューム感のあるおみそ汁。
豆板醤のピリ辛がクセになる味わいに。

材料（2人分）

厚揚げ … ½枚（160g）
まいたけ … 大1パック（150g）
豆苗 … 1袋（100g）
ごま油 … 大さじ½
豆板醤 … 小さじ½
だし汁 … 2と½カップ
みそ … 大さじ1と½

作り方

① 厚揚げは一口大にちぎる。まいたけ
は小房に分ける。豆苗は根元を落と
し、長さを半分に切る。

② 鍋にごま油を中火で熱し、厚揚げ、
まいたけを炒める。油が回ったら豆
板醤を加えてさっと炒め、だし汁を
加える。沸騰したら弱火にし、蓋を
して2〜3分煮る。豆苗を加えてさっ
と煮て、みそを溶き入れる。

栄養メモ

**β-グルカンとビタミンC、Eで
アンチエイジング効果**

まいたけに含まれるβ-グルカンと豆苗に
豊富なβ-カロテン、ビタミンC、Eの抗
酸化作用で、アンチエイジング。

130g

β-カロテンやビタミンが
たっぷりで美容に効果的

176 kcal

食物繊維 5.6g

塩分 2.6g

油揚げと
たっぷり野菜のみそ汁

にんじんと絹さやの彩りきれいな
みそ汁です。油揚げのコクと
たっぷりの細切り野菜で大満足！

材料（2人分）

油揚げ … 1枚（50g）
にんじん … ½本（80g）
絹さや … 15枚（30g）
えのきだけ … 大1パック（150g）
だし汁 … 3カップ
みそ … 大さじ2

作り方

① 油揚げは縦半分に切り、5mm幅の細
切りにする。にんじんは2～3mm幅
の細切りにし、絹さやは2～3mm
幅の斜め細切りにする。えのきは根
元を落とし、長さを半分に切ってほ
ぐす。

② 鍋にだし汁を入れて沸騰させ、①を
加える。5～6分煮て、みそを溶き
入れる。

● 栄養メモ

ビタミンK、D、カルシウムで
骨粗鬆症予防に

絹さやに豊富なビタミンK、えのきだけ
に豊富なビタミンD、油揚げに豊富なカ
ルシウムが骨や歯の形成に効果的。

栄養価の高いアボカドで
美肌効果を期待

大豆とほうれん草、アボカドのエスニックスープ

アボカドのなめらかな口当たりと大豆の食感が楽しめます。ナンプラーでエスニックな味わいに。

186 kcal

食物繊維 **9.0g**

塩分 **2.4g**

栄養メモ

オレイン酸やα-リノレン酸で悪玉コレステロールを撃退

大豆やアボカドの脂質は、オレイン酸やα-リノレン酸が含まれ、悪玉コレステロール、中性脂肪を下げる効果が。

材料（2人分）

ほうれん草 … 1袋（200g）
アボカド … ½個（70g）
ごま油 … 小さじ1
A ┌ 水 … 2カップ
　└ 鶏がらスープの素 … 小さじ½
大豆（ドライパック） … 1袋（100g）
ナンプラー … 大さじ1

作り方

① ほうれん草は5cm長さに切り、耐熱ボウルに入れる。ラップをして電子レンジで2分30秒加熱し、水に5分ほどさらして水けをきる。アボカドは一口大に切る。

② 鍋にごま油を中火で熱し、ほうれん草を炒める。油が回ったらAを加え、沸騰したら大豆、アボカド、ナンプラーを加えてさっと煮る。

COLUMN. 3

スープ＆みそ汁の
調味料＆スパイスのこと

　スープ＆みそ汁は、そのままでもおいしいけれど、うまみや酸味のある調味料や、スパイスをひとふりするだけで、香りと風味が増してグンとおいしい一品に。

　例えば、粉山椒やカレー粉、からし、すりごま、黒こしょう、唐辛子などのスパイスは、なくてもおいしくいただけますが、少し加えるだけでキュッと味をしめてくれたり、見た目が華やかになったり、香りがプラスされることでスープの表情がグッと変わったりします。甘みの出る野菜に辛みを加えたり、あまり香りの強くない野菜に、山椒などの香りの強いスパイスを加えてみるなど、好みでいろいろ試すと面白いと思います。

　調味料ならナンプラー。うまみがギュッと詰まった調味料なので、コクが足りないな、という時に少し加えるとおいしいスープになります。その他にも、仕上げに酢を使ったスープは、加えた後にしっかり煮立たせてあげると、酸味がほどよく飛んでうまみとコクがプラスされておいしくなります。

Part.4

一皿完結！
栄養満点・具沢山
スープ＆みそ汁

いろいろな種類の野菜と肉、魚、卵などのたんぱく質を
一緒に煮込んだ具沢山スープ＆みそ汁。時間のある日に
たっぷり作って、栄養補給！　毎日モリモリいただきましょう。

いろいろな野菜と肉・魚などがたっぷり！具沢山スープ＆みそ汁

具がゴロゴロと入った色とりどりの具沢山スープ＆みそ汁は、それだけで満足感が違います。いろいろな種類の野菜や肉、魚、豆、卵、大豆などが入っているので、それぞれの食材が持つうまみのかけ合わせで、滋味深い、極上のおいしさになりますし、食べ応えも満点です。様々な種類のビタミンやミネラル、食物繊維がたっぷりとれるから、体にもうれしいことばかり。和風の豚汁、けんちん汁から、洋風のスープカレー、ミネストローネ、中華風のサンラータン、韓国風のユッケジャンスープなど、どれも汁物としてだけでなく、一品の料理としても十分楽しめるのもうれしいポイントですね。

沢山の野菜と
肉・魚などの滋味深いスープ

石狩鍋風バターみそ汁

鮭とたっぷりの野菜を使った
ボリューム満点のみそ汁です。
ほくっと柔らかいじゃがいもと
甘いコーンでほっと落ち着く味わいに。

236 kcal

食物繊維 **8.2g**

塩分 **2.8g**

材料（2人分）

生鮭（切り身）… 2切れ
酒 … 小さじ1
塩 … 小さじ¼
こしょう … 少々
キャベツ … 100g
じゃがいも … 小1個（120g）
玉ねぎ … ¼個（50g）
水菜 … 30g
だし汁 … 2と½カップ
コーン缶 … 20g
みそ … 大さじ1と½
バター … 10g
粉山椒 … 適量

作り方

① 鮭は一口大のそぎ切りにし、酒を絡めて5分ほどおく。さっと洗ってペーパータオルで水けを拭き取り、塩、こしょうをふる。キャベツは4～5cm四方のざく切りにする。じゃがいもは1cm厚さの半月切りにし、水に5分ほどさらして水けをきる。玉ねぎはくし形切りにして、長さを半分に切る。水菜は5cm長さに切る。

② 鍋にだし汁を入れて沸騰させ、鮭を加える。色が変わったらじゃがいも、キャベツ、玉ねぎを加えて弱火にし、蓋をして7～8分煮る。火が通ったら水菜、コーンを加えてさっと煮て、みそを溶き入れる。

③ ②にバターを加えて溶かし、器に盛り、粉山椒をふる。

栄養メモ

胃を健康に保つ栄養満点の具沢山みそ汁

キャベツとじゃがいもには、胃を健康に保つビタミンがたっぷり。たんぱく質やビタミンなどが豊富な鮭も胃に優しいので効果的。

1食分の野菜
160g

抗酸化作用のある鮭のアスタキサンチン。
老化防止や美肌にうれしい効果が♪

1食分の野菜

120g

豚肉のビタミンB₁で疲労回復。
野菜たっぷりで栄養バランス◎

材料(2人分)

豚バラ薄切り肉…100g	ごぼう…30g
大根…80g	だし汁…2と½カップ
にんじん…¼本(40g)	みそ…大さじ2
しいたけ…2枚(40g)	万能ねぎの小口切り
玉ねぎ…¼個(50g)	…適量

作り方

① 豚肉は一口大に切る。大根は5mm厚さの
いちょう切りにし、にんじんは5mm厚さ
の半月切りにする。しいたけ、玉ねぎは
5mm幅の薄切りにする。ごぼうはささが
きにし、水に5分ほどさらして水けをきる。

② 鍋を中火で熱し、油をひかずに豚肉を炒め
る。色が変わったら大根、にんじん、玉ねぎ、
ごぼうを加えて炒め、しんなりしたらだし汁、
しいたけを加える。沸騰したら弱火にし、半
量のみそを溶き入れ、蓋をして10分ほど煮る。

③ ②が柔らかくなったら残りのみそを溶き入
れ、器に盛り、万能ねぎをふる。

257 kcal

食物繊維 4.3g

塩分 2.6g

具沢山スープで欠かせないのが豚汁。
豚バラのうまみとたっぷりの野菜で、
栄養バッチリ&お腹も満たされます。

豚汁

 栄養メモ

**たっぷりの根菜ときのこ
＋豚肉は栄養の宝庫**

たんぱく質、ビタミン、ミネラ
ルをバランスよく摂取できる豚
汁は、日々の栄養補給に。

こんにゃくや根菜の食物繊維で便秘解消。お腹すっきり！

1食分の野菜
120g

けんちん汁

肉を使わずに、たっぷりの野菜と豆腐で作るけんちん汁。しょうゆとごま油の風味が広がります。

142 kcal

食物繊維 5.0g

塩分 2.6g

材料（2人分）

木綿豆腐 … ⅓丁(100g)
こんにゃく … 60g
長ねぎ … ½本(50g)
里いも … 2個(80g)
ごぼう … ⅓本(60g)
れんこん … 50g

ごま油 … 大さじ½
だし汁 … 2と½カップ
A [しょうゆ … 大さじ1
　　 塩 … 小さじ⅓]
七味唐辛子 … 適量

作り方

1 豆腐はペーパータオルで水けを拭き取り、食べやすい大きさにちぎる。こんにゃくも食べやすい大きさにちぎる。長ねぎは1cm幅の斜め切りにし、里いもは4等分に切る。ごぼうは4〜5cm長さのぶつ切りにし、さらに縦半分に切る。れんこんは小さめの乱切りにする。ごぼう、れんこんは水に5分ほどさらして水けをきる。

2 鍋にごま油を中火で熱し、豆腐を炒める。水分が抜けてきたら、こんにゃくを加えて炒め、残りの野菜を全て加えて炒める。油が回ったら、だし汁を加えて煮立たせ、Aを加えて蓋をし、弱火で12分ほど煮る。

3 器に**2**を盛り、七味唐辛子をふる。

1食分の野菜 120g

食物繊維、ビタミン、ミネラルが豊富。
生活習慣病の予防にも

きのこ汁

5種類のきのこをふんだんに使い、しょうゆ味が優しい汁物です。ささみ入りで、食べ応えも十分!

100 kcal

食物繊維 4.7g

塩分 1.7g

材料汁 (2人分)

鶏ささみ … 2本(100g)
片栗粉 … 適量
しいたけ … 2枚(40g)
えのきだけ・エリンギ
　・まいたけ・しめじ
　　… 各½パック(各50g)

だし汁 … 2と½カップ
A　しょうゆ
　　　… 大さじ½
　　塩 … 小さじ¼
長ねぎの小口切り
　　… 適量

作り方

1. ささみは一口大のそぎ切りにし、片栗粉を薄くまぶす。しいたけは5mm厚さに切る。えのきは根元を落とし、長さを半分に切ってほぐす。エリンギは長さを半分に切って縦半分に切り、5mm幅の薄切りにする。まいたけ、しめじは石づきを切り落とし、小房に分ける。

2. 鍋にだし汁を入れて沸騰させ、きのこを加える。しんなりしたらささみを加えてさっと煮て、Aを加える。

3. 器に❷を盛り、長ねぎをのせる。

● 栄養メモ

メタボ気味の人におすすめ!
内臓脂肪を落とす菌活にも

きのこには、ビタミンB群が豊富に含まれるので、余分な脂肪を体に溜め込むのを予防。

低カロリーなもやしがたっぷり。
ダイエット中にもおすすめ♪

1食分の野菜
\\ 120g \\

たっぷり野菜のしゃぶしゃぶスープ

細切りにした野菜の
シャキシャキの食感が楽しい!
ヘルシーで沢山食べられます。

159 kcal

食物繊維
2.2g

塩分
3.2g

材料(2人分)

豚肩ロースしゃぶしゃぶ用肉 … 6枚(100g)
大根 … 50g
にんじん … ¼本(40g)
豆苗 … ½袋(50g)
もやし … ⅓袋(70g)
長ねぎ … ⅓本(30g)
だし汁 … 3カップ
A ┌ しょうゆ … 大さじ1
　└ 塩 … 小さじ½

作り方

① 大根、にんじんは5cm長さに切り、2〜3mm幅の細切りにする。豆苗は長さを半分に切る。もやしはひげ根を取り除き、長ねぎは斜め薄切りにする。

② 鍋にだし汁を入れて沸騰させ、大根、にんじん、豆苗、もやし、長ねぎを加えてさっと煮る。しんなりしたら豚肉を加え、色が変わったらアクを取り除き、Aを加える。

栄養メモ

ビタミン、食物繊維豊富
な野菜をたっぷり摂取
野菜のβ-カロテン、ビタミンC、
E、食物繊維と豚肉のビタミン
B₁で免疫力をアップ。

手羽元と夏野菜のカレースープ

手羽元と野菜から出るたっぷりのうまみで、味つけはカレー粉、塩、こしょうとシンプルに。彩りのよい野菜が食欲をそそり、さらっと食べられます。

328 kcal

食物繊維 **6.3g**

塩分 **2.0g**

材料（2人分）

鶏手羽元 … 4本
塩 … 小さじ¼
こしょう … 少々
かぼちゃ … 80g
なす … 1本（80g）
オクラ … 4本（40g）
赤パプリカ … ⅓個（50g）
玉ねぎ … ⅓個（70g）
にんにく・しょうが
　　… 各1かけ
トマト … ⅓個（70g）
オリーブ油 … 大さじ½
カレー粉 … 大さじ1
水 … 2カップ
A［ 塩 … 小さじ⅓
　　こしょう … 少々

作り方

① 手羽元は骨に沿って包丁で切り目を入れ、塩、こしょうをふる。かぼちゃは1cm厚さに切り、半分に切る。なすは縦4等分に切り、水に5分ほどさらす。オクラはガクを取り除く。パプリカは一口大に切る。玉ねぎ、にんにく、しょうがはみじん切り、トマトはざく切りにする。

② 鍋にオリーブ油を中火で熱し、手羽元を焼く。全体に焼き目がついたら一度取り出す。

③ ②の鍋ににんにく、しょうがを入れて弱火にかけ、香りが出たら中火にして玉ねぎを加えて炒める。しんなりしたらトマトを加え、水分が飛ぶまでよく炒めたら、カレー粉を加えて炒める。水を加え、沸騰したら②を戻し入れ、Aを加えて蓋をし、弱火で7～8分煮る。かぼちゃ、なす、オクラ、パプリカを加えて5～6分煮る。

栄養メモ

夏野菜をどっさり食べて抗酸化作用でがんを予防

なす、パプリカ、かぼちゃ、オクラなどの色の濃い野菜は、強い抗酸化ビタミンが豊富。がんや動脈硬化予防＆アンチエイジングに。

β-カロテンが豊富な緑黄色野菜で
老化防止＆免疫力アップ！

ミネストローネ

数種類の野菜とウインナーが入った、栄養バランスのよいイタリア定番のスープ。ウインナーをベーコンに代えたり、野菜も冷蔵庫にあるもので作っても美味。

164 kcal

食物繊維 2.6g

塩分 2.1g

材料（2人分）

ウインナー … 3本（60g）
さやいんげん … 4本（30g）
玉ねぎ … ¼個（50g）
黄パプリカ … ⅓個（50g）
トマト … 1個（200g）
にんにく … 1かけ
オリーブ油 … 大さじ½
A ┌ 水 … 1カップ
　│ 塩 … 小さじ½
　└ こしょう … 少々

作り方

① ウインナー、さやいんげんは1cm幅に切る。玉ねぎ、パプリカは1cm角に切る。トマトはざく切りにし、にんにくはつぶす。

② 鍋にオリーブ油、にんにくを入れて弱火にかけ、香りが出たら中火にし、ウインナー、玉ねぎを加えて炒める。しんなりしたらトマトを加え、水分が出て崩れるまでしっかり炒める。Aを加えて沸騰したら、いんげん、パプリカを加えて蓋をし、弱火で10分ほど煮る。

栄養メモ

疲れたときや夏バテ解消にぴったりのビタミンスープ

ビタミンB₂とアスパラギン酸が豊富なさやいんげんとビタミンCが豊富なパプリカ、リコピンを含むトマトのスープは疲労回復に有効。

1食分の野菜

\\ **165g** //

β-カロテン、ビタミンB₂、Cがたっぷりで、
生活習慣病や老化を防止！

131

1食分の野菜

\\ **120g** //

低脂肪で高たんぱくなえびは
ビタミンEも豊富!

えびときのこのチャウダー

3種のきのこのうまみとバターのコクが広がるミルクベースのスープです。プリッとしたえびの食感が◎。

275 kcal

食物繊維 3.5g

塩分 1.5g

材料（2人分）

むきえび … 100g
塩・こしょう … 各少々
玉ねぎ … ½個（100g）
マッシュルーム … 4個（40g）
しめじ・エリンギ … 各½パック（各50g）
バター … 20g
小麦粉 … 大さじ2
A ┌ 水 … ½カップ
　└ 牛乳 … 1と½カップ
B ┌ 塩 … 小さじ⅓
　└ こしょう … 少々
パセリのみじん切り … 適量

作り方

① えびは背わたを取り除き、片栗粉（分量外）を揉み込んで流水でよく洗う。ペーパータオルで水けを拭き取り、塩、こしょうをふる。玉ねぎは薄切りにし、マッシュルームは半分に切る。しめじは石づきを切り落とし、小房に分ける。エリンギは長さを半分に切り、縦6等分に切る。

② 鍋にバターを中火で熱し、玉ねぎを炒める。しんなりしたら小麦粉をふり入れ、粉っぽさがなくなったらAを加える。沸騰したらえび、マッシュルーム、しめじ、エリンギを加える。Bを加えて弱火にし、蓋をして10分ほど煮る。

③ 器に②を盛り、パセリをふる。

123g

ビタミンB$_2$が豊富なさわらは
肌荒れや口内炎を改善

さわらのアクアパッツァ風スープ

ズッキーニとミニトマトの彩りでテーブルが華やかに！切り身魚で手軽に作れます。

214
kcal

食物繊維
3.0g

塩分
2.0g

材料（2人分）

さわら（切り身）… 小2切れ
塩 … 小さじ¼
こしょう … 少々
小麦粉 … 適量
玉ねぎ … ⅓個（60g）
ズッキーニ … ½本（75g）
しめじ … ½パック（50g）
ミニトマト … 6個（60g）
黒オリーブ … 8個（20g）
にんにく … 1かけ
オリーブ油 … 大さじ1
A ┃ 水 … 2カップ
　┃ 白ワイン（または酒）
　┃ 　… 大さじ1
B ┃ 塩 … 小さじ⅓
　┃ 粗びき黒こしょう … 少々

作り方

① さわらは半分にそぎ切りにして、塩、こしょうをふり、小麦粉をまぶす。玉ねぎは5mm幅の薄切りにし、ズッキーニは1cm幅の輪切りにする。しめじは石づきを切り落とし、小房に分ける。ミニトマトはヘタを取る。黒オリーブは輪切りにし、にんにくはみじん切りにする。

② 鍋に半量のオリーブ油を中火で熱し、さわらを焼く。両面に焼き色がついたら一度取り出す。

③ ②のフライパンに残りのオリーブ油、にんにくを入れて弱火にかけ、香りが出たら玉ねぎを加えて炒める。しんなりしたらAを加えて煮立たせ、②を戻し入れ、ズッキーニ、しめじを加えて弱火にし、蓋をして7～8分煮る。ミニトマト、黒オリーブ、Bを加えてさっと煮る。

ちゃんぽん風スープ

170 kcal

食物繊維 2.5g

塩分 2.8g

豚バラとシーフードのうまみが出た濃厚スープで大満足の一品です。キャベツともやしがたっぷり入り、シャキシャキの食感もたまりません。

材料（2人分）

豚バラ薄切り肉 … 50g
キャベツ … 100g
もやし … ½袋（100g）
万能ねぎ … ½袋（25g）
シーフードミックス … 60g（正味）
A［ 水 … 2カップ
　 酒 … 大さじ1
コーン缶 … 20g
B［ しょうゆ … 小さじ2
　 塩 … 小さじ½
　 こしょう … 少々
　 牛乳 … 大さじ2

作り方

1. 豚肉は一口大に切る。キャベツは3～4cm四方のざく切りにする。もやしはひげ根を取り除き、万能ねぎは5cm長さに切る。

2. 鍋を中火で熱し、油をひかずに豚肉を炒める。色が変わったらシーフードミックスを加えて炒め、Aを加えて煮立たせる。キャベツ、もやし、コーン、万能ねぎを加えて弱火にし、5～6分煮る。火が通ったらBを加え、さっと煮る。

栄養メモ

肉と魚介のたんぱく質と噛み応えのある野菜で満腹！
キャベツやもやしなどの野菜や、肉と魚介は噛み応えがあり、満腹中枢を刺激するので、食べ過ぎを防止し、ダイエットにも効果的。

豚肉と魚介のたんぱく質と、
たっぷりの野菜で栄養バランス◎

サンラータン

お酢の酸味とラー油の辛みがクセになる中華スープです。とろみのあるスープと豆腐の柔らかい食感で食欲のない日にもおすすめです。

307 kcal

食物繊維 4.0g

塩分 3.1g

材料（2人分）

豚バラ薄切り肉 … 100g
たけのこ（水煮）… ⅓個（100g）
にんじん … ½本（80g）
しいたけ … 3個（60g）
絹ごし豆腐 … ⅙丁（50g）
卵 … 1個
A ┌ 水 … 3カップ
　└ 酒 … 大さじ1
B ┌ しょうゆ … 大さじ1と½
　│ 塩 … 小さじ¼
　└ こしょう … 少々
C ┌ 片栗粉 … 小さじ1
　└ 水 … 小さじ2
酢 … 大さじ1と½
万能ねぎの小口切り … 適量
ラー油 … 適量

作り方

1. 豚肉は小さめの一口大に切る。たけのこは薄切りにし、にんじんは短冊切りにする。しいたけは5mm幅の薄切りにする。豆腐はさいの目に切り、卵は溶きほぐす。

2. 鍋を中火で熱し、油をひかずに豚肉を炒める。色が変わったらAを加えて煮立たせ、たけのこ、にんじん、しいたけを加えて3〜4分ほど煮て、Bを加える。

3. ❷に豆腐を加えてさっと煮、混ぜ合わせたCを加えてとろみをつける。卵を回し入れ、ふんわりと固まったら、酢を加えてひと煮立ちさせる。

4. 器に❸を盛って万能ねぎを散らし、ラー油をかける。

栄養メモ

動物性＆植物性たんぱく質 複数の野菜でバランス満点

たけのこ、にんじん、しいたけ、肉、豆腐、卵など複数の食材を一度に食べられるから、栄養バランス満点。ラー油で脂肪燃焼効果も。

豚肉、豆腐、卵でたんぱく質を、
たけのことしいたけで食物繊維を補給

137

唐辛子が入っているから体が温まる！
脂肪燃焼や代謝促進にも効果的

ユッケジャンスープ

牛肉とたっぷりの豆もやしを使った韓国定番のスープです。ピリ辛＆コク旨な味でやみつきに。

334 kcal

食物繊維 **3.0g**

塩分 **1.8g**

1食分の野菜

\\ **120g** //

材料（2人分）

豆もやし … ½袋（100g）
長ねぎ … ½本（50g）
にら … ½袋（50g）
にんじん … ¼本（40g）
ごま油 … 大さじ½
牛切り落とし肉 … 150g
A ┌ 水 … 2と½カップ
　│ 酒 … 大さじ1
　│ コチュジャン … 大さじ1と½
　│ しょうゆ … 大さじ1
　│ おろしにんにく … 小さじ1
　│ 砂糖 … 小さじ½
　└ 塩・一味唐辛子 … 各少々

作り方

① 豆もやしはひげ根を取り除く。長ねぎは斜め薄切りにし、にらは5cm長さに切る。にんじんは縦半分に切り、斜め薄切りにする。

② 鍋にごま油を中火で熱し、牛肉を炒める。色が変わったらにんじん、長ねぎを加えて炒め、しんなりしたらAを加えて煮立たせる。豆もやしを加えて7～8分煮て、火が通ったらにらを加えてさっと煮る。

低糖質＆低カロリーのしらたきだから
ダイエット中にもおすすめ♪

1食分の野菜
\\ **120g** //

193
kcal

食物繊維
5.6g

塩分
4.8g

パクチーとナンプラーが香る
ベトナム料理です。ライスヌードルの
代わりにしらたきでお手軽に。

鶏肉としらたきのフォー風スープ

材料 (2人分)

鶏もも肉 … ½枚(150g)
塩・こしょう … 各少々
しらたき … 1袋(180g)
小松菜 … ½袋(100g)
もやし … ½袋(100g)
紫玉ねぎ … ⅙個(約30g)
パクチー … 10g
しょうが … 1かけ

A [水 … 2と½カップ
　　 酒 … 大さじ1

B [ナンプラー
　　　 … 大さじ2
　　 塩・こしょう
　　　 … 各少々

レモンのくし形切り
　 … 2個

作り方

① 鶏肉は一口大に切り、塩、こしょうをふる。しらたきは2分ほど下ゆでし、食べやすい長さに切る。小松菜は5cm長さに切り、もやしはひげ根を取り除く。紫玉ねぎは薄切りにし、パクチーはざく切りにする。しょうがはせん切りにする。

② 鍋にAを入れて沸騰させ、鶏肉、しょうがを加える。沸騰したらアクを取り除いて弱火にし、蓋をして4〜5分煮る。火が通ったら小松菜、もやし、しらたきを加え、4〜5分煮て、Bを加える。

③ 器に❷を盛り、紫玉ねぎ、パクチー、レモンをのせる。

食材別さくいん

著者　**新谷友里江**（にいや・ゆりえ）

管理栄養士、料理家、フードコーディネーター。祐成陽子クッキングアートセミナー卒業後、同講師、料理家・祐成二葉氏のアシスタントを経て独立。書籍・雑誌・広告などで、料理・お菓子のレシピ開発やフードスタイリング、メニュー提案などを行っている。お家ご飯を中心に、簡単でおいしい料理に定評がある。著書に『まとめて作ってすぐラクごはん♪ つくりおき幼児食 1歳半～5歳』（西東社）、『材料を袋に入れるだけで、定番の冷凍食品がおうちでできた！』（学研プラス）などがある。

Staff

撮影　鈴木泰介
スタイリング　しのざきたかこ
デザイン　小林沙織
調理アシスタント　梅田莉奈　小柳まどか
　　　　　　　　　福田みなみ　吉野千穂
栄養計算　藤井沙恵
編集協力／執筆協力　丸山みき（SORA企画）
編集アシスタント　岩本明子（SORA企画）
編集担当　田丸智子

本書に関するお問い合わせは、書名・発行日・該当ページを明記の上、下記のいずれかの方法にてお送りください。電話でのお問い合わせはお受けしておりません。
・ナツメ社webサイトの問い合わせフォーム
　https://www.natsume.co.jp/contact
・FAX（03-3291-1305）
・郵送（下記、ナツメ出版企画株式会社宛て）
なお、回答までに日にちをいただく場合があります。正誤のお問い合わせ以外の書籍内容に関する解説・個別の相談は行っておりません。あらかじめご了承ください。

ナツメ社Webサイト
https://www.natsume.co.jp
書籍の最新情報（正誤情報を含む）はナツメ社Webサイトをご覧ください。

がんばらなくても野菜はとれる！
楽するスープ&みそ汁

2021年11月5日　初版発行

著　者　新谷友里江（にいやゆりえ）
発行者　田村正隆

©Niiya Yurie, 2021

発行所　株式会社ナツメ社
　　　　東京都千代田区神田神保町1-52　ナツメ社ビル1F（〒101-0051）
　　　　電話　03（3291）1257（代表）　FAX　03（3291）5761
　　　　振替　00130-1-58661
制作　　ナツメ出版企画株式会社
　　　　東京都千代田区神田神保町1-52　ナツメ社ビル3F（〒101-0051）
　　　　電話　03（3295）3921（代表）
印刷所　図書印刷株式会社

ISBN978-4-8163-7102-8
Printed in Japan